Zaubersprüche für Anfänger

Möglichkeiten, Traditionen und Grenzen des „magischen Wortes"

Kontakt: www.HarryEilenstein.de
Harry.Eilenstein@web.de
Harry Eilenstein bei youtube

Herstellung und Verlag: BoD – Books on Demand, Norderstedt

ISBN: 9783754344637

Inhaltsverzeichnis

I Zaubersprüche?

Zaubersprüche sind neben dem Zauberstab das bekannteste Elemente in der Magie. Es gibt allerdings keine Zaubersprüche, die man nur aussprechen muß, damit ein Wunder passiert und eine Taube in einen Fuchs verwandelt wird oder damit ein Baum in Flammen aufgeht.

In dieser Hinsicht entsprechen die Zaubersprüche, die z.B. aus dem „Herr der Ringe" oder aus „Harry Potter" bekannt sind, nicht der Realität.

Trotzdem sind Zaubersprüche durchaus auch in der tatsächlich existierenden Magie ein wichtiges Hilfsmittel. Dabei erfüllen Zaubersprüche die verschiedensten Aufgaben vom Ausdrücken des eigenen Willens bis hin zur Koordination einer Gruppe von Magiern oder Hexen. Man kann sich natürlich fragen, was man von diesen „von einzelnen Magiern oder Magier-Gruppen in der Magie benutzten Worten" man als „Zaubersprüche" bezeichnen will.

Schließlich kann man noch schauen, in welchen Kulturen Zaubersprüche zu finden sind.

Dies sind zunächst einmal die Schrift-Kulturen, in denen manche Ritual-Texte aufgeschrieben und über Jahrhunderte hinweg von den verschiedensten Magiern für dieselben oder sehr ähnliche Zwecke verwendet werden. Oft werden dabei auch einzelne Teile eines größeren Ritus aus diesem herausgelöst und dann bisweilen leicht abgewandelt als Zauberspruch in anderen Zusammenhängen verwendet. Diese Schrift-Kulturen sind vor allem die Epoche des Königtum, die um 3250 v.Chr. begonnen hat.

Es gibt aber auch Zaubersprüche in den Kulturen, die der Epoche der Jungsteinzeit entsprechen. In diesen Kulturen leben die Menschen noch als Stamm oder Sippe zusammen, es gibt in ihnen keine hierarchische Strukturen und die Menschen haben ein magisch-mythologisches Weltbild. Da es in diesen Kulturen keine Schrift, aber durchaus mündlich überlieferte Texte gibt, können sich diese Texte leichter verwandeln und weiterentwickeln.

Es stellt sich natürlich die Frage, welche Rolle Zaubersprüche in der heutigen Magie sinnvollerweise noch spielen könnten.

Aber diese Frage ist nach den folgenden Betrachtungen leichter zu beantworten als am Anfang dieses Buches.

II Sprache & Co.

Zunächst einmal bestehen Zaubersprüche aus Worten, die laut ausgesprochen, leise gemurmelt oder nur innerlich gesprochen werden.

Somit ist im Zusammenhang mit Zaubersprüchen auch die Betrachtung der Sprache selber von Bedeutung.

1. Traditionelle Vorstellungen

Zu dem Zusammenhang zwischen Worten und Magie kann man in den älteren magischen Traditionen und auch in den Religionen einiges Interessantes finden.

Im Alten Ägypten gab es die Vorstellung, daß alle Handlungen im Herzen beginnen, da das Herz als der Sitz der eigenen Seele angesehen worden ist. Diese Seele nannte man auch „Gottheit im eigenen Herzen" („netjer-em-ib-i"). Sie wird bei der Mumifizierung durch den Skarabäus auf der Mitte der Brust geschützt.

Aus dem Willen im Herzen („Sia") entsteht das Wort im Mund („Hu"). Dadurch nimmt der Wille, der zunächst nur ein formloser Impuls ist, eine konkrete Gestalt an.

Dadurch, daß der Wille („Sia") in der Form eines Wortes („Hu") ausgesprochen wird, gelangt die Schöpferkraft der Seele im Herzen in die Welt hinaus und ruft dort eine magische Wirkung hervor („Heka").

Der Sonnengott Re ist das Urbild der Individualität, des Ichs und des Willens. Daher wurden Sia, Hu und Heka bei den Ägyptern als die drei Helfer des Re angesehen.

Bei den Navahos und einigen anderen Indianerstämmen gibt es ebenfalls die Vorstellung von drei Schritten des Willens. Sie entsprechen ziemlich genau den ägyptischen Vorstellungen: Alles beginnt mit dem Gedanken; dieser wird dann zu einem Wort; und dieses wird dann zur Tat.

Diese Folge „Herz – Mund – Hand" entspricht der ägyptischen Folge „Herz – Zunge – Magie", da in diesen frühen Kulturen die physische Handlung und die magische Handlung nicht so klar wie heute unterschieden worden sind, sondern als zwei Aspekte derselben Tätigkeit aufgefaßt worden sind.

Auch im Chakrensystem gibt es diese Folge, wobei sie dort ein wenig differenzierter beschrieben wird:

Im Herzchakra ruht die Individualität – das Herzchakra ist der „Tempel der Seele".

Aus dieser Individualität heraus entstehen die Impulse, die sich entweder nach außen auf die sozialen Zusammenhänge richten (Halschakra) oder nach innen auf den eigenen Körper und die eigenen Bewegungen richten (Sonnengeflecht).

Aus diesen allgemeinen Impulsen (Gefühlen) im Halschakra und im Sonnengeflecht entstehen dann in einem zweiten Schritt die konkreten Absichten (Gedanken, Haltungen), die sich wiederum nach außen (Drittes Auge) und nach innen (Hara) richten können.

Schließlich werden diese konkreten Absichten in einem dritten Schritt im Dritten Auge und im Hara zu körperlichen Kontakten (Wurzelchakra) und zu geistigen Kontakten (Scheitelchakra).

Die Worte gehören zu dem Bereich der konkreten Absichten und der Erschaffung von Formen, also zum Dritten Auge und zum Hara.

In der Bibel wird im Johannes-Evangelium die Schöpfung der Welt durch das Wort beschrieben:

> „Am Anfang war das Wort. Das Wort war bei Gott, und das Wort war Gott selbst. Von Anfang an war es bei Gott. Alles wurde durch das Wort geschaffen; nichts ist ohne das Wort entstanden. In ihm war das Leben, und dieses Leben war das Licht für alle Menschen."

Hier ist das Wort der Ausdruck für Gottes Schöpferkraft. Das entspricht genau den ägyptischen Vorstellungen über Sia, Hu und Heka.

Im Tao-Tê-King des Lao-tse gibt es eine ähnliche Vorstellung von drei Schritten, die jedoch nicht so persönlich gefaßt ist wie die bisher beschriebenen Ansichten über das Wirken der Worte.

Am Anfang war das Tao, die große, ungeformte Einheit. Sie hat sich in Yin und Yang aufgespalten, die sich dann auf die verschiedensten Weisen miteinander vermischt und so die Welt erschaffen haben. Das ist im Gegensatz zu dem individuellen Willen im eigenen Herzen der universelle Willen der Welt. Das entspricht dem „Sia" des Sonnengottes Re in Ägypten.

Der Mensch hat nun die Möglichkeit, sich durch das Spüren des Tao und durch den Verzicht auf das eigene Prägen der Welt durch große Kraft und Härte wieder in Einklang mit dem Tao zu gelangen, wodurch er dann mühelos erfolgreich ist – er schwimmt im Strom des Tao mit. Diese Haltung wird „Wu-Wei", d.h. „Nicht-Tun" genannt. Diese Schweigen in Worten und Taten entspricht den „Worten" in den anderen Systemen – sie werden hier zu Schweigen, damit man die Worte des Tao hören kann. Das entspricht dem „Hu" in Ägypten.

Aus dieser Haltung heraus, also aus dem Einklang mit dem Tao, entsteht dann eine Verzauberung der Welt, ein müheloses Erreichen der eigenen Ziele. Dieser Effekt wird „Tê", d.h. „Magie" genannt. Das entspricht dem „Heka" in Ägypten.

In allen diesen Systemen wird die Sprache als der Bote, Helfer, Architekt und Baumeister des Willens im Herzen (bzw. des Tao) angesehen, dessen Aufgabe es ist, die Impulse im Inneren zu konkretisieren und ihnen eine klare, feste Form zu geben.

Diese Worte bereiten die Handlungen und die Magie vor und sie geben auch Orientierung in der Welt:

- Die Worte sind der Weg, auf dem die innere Kraft auf dem Weg vom Herzen nach außen als Magie in die Welt gelangt.

- Das Schweigen, also die „Nicht-Worte", sind daher der Weg, auf dem man wieder zur Mitte, zur Essenz, zur eigenen Seele und zum Tao gelangt.

2. Sprache, Gesang und anderes

Es gibt Zaubersprüche und Zaubergesänge.

Bei Zaubersprüchen liegt die Betonung auf dem Inhalt der Sprache. Die Worte stehen zudem zunächst einmal eher nüchtern da – sie bilden zwar Sätze und Abschnitte, aber sie sind wie eine Folge von Gegenständen, die auf einem Tisch liegen.

Wenn der Zauberspruch ein markantes Bilder beschreibt, ordnen sich die Gegenstände auf dem Tisch – um in dem Bild zu bleiben – zu einem schlüssigen Gesamteindruck.

Wenn der Zauberspruch wie ein Gedicht ein Versmaß, Reime und ähnliches besitzen, werden erwie Dinge, die auf eine symmetrische Weise auf dem Tisch angeordnet sind. Diese formale Ordnung läßt den Zauberspruch schlüssiger und überzeugender wirken.

Wenn der Zauberspruch dann noch eine Melodie erhält, wird er zum Zaubergesang. Dadurch fangen die Worte an zu schwingen – jedes Wort steht mit jedem anderen Wort in diesem Zauberspruch in Resonanz und wird dadurch sozusagen lebendig.

Daher sind generell Zaubersprüche, die eine Form der lyrischen Ordnung aufweisen, überzeugender als nicht-lyrische Zaubersprüche.

Zaubersprüche sind geeigneter, um Formen präzise darzustellen – Zauberlieder sind geeigneter, um Lebenskraft zu rufen, zu konzentrieren und zu bewegen.

Ein weiteres Element, das oft zusammen mit Zaubersprüchen verwendet wird, sind Gesten. Sie bringen Klarheit in die Ausrichtung des Zauberspruchs und eine größere Überzeugung in seine Wirksamkeit.

Gesten können daher dem Zauberspruch ein größeres „Feuer" geben.

Den Gesten sind den Symbolen, die man als Talisman, Gemälde, imaginiertes Zeichen, als Gravur auf einem Ring usw. verwenden kann, sehr ähnlich. Auch diese Symbole erden die Bedeutung eines Zauberspruches.

Schließlich gibt es noch die Gegenstände, die zusammen mit einem Zauberspruch verwendet werden können: Zauberstab, Ankh, Tarotkarten, Gewand, Maske, Tempel, Altar, Talisman, Sarg usw. Auch sie geben dem Zauberspruch eine Verankerung und Erdung – zugleich illustrieren sie auch anschaulich die Absicht des Zauberspruches.

Man kann diese verschiedenen Hilfsmittel wie folgt den vier Elementen und der Quintessenz (Licht) zuordnen:

Licht:	Absicht
Feuer:	Versmaß, Reim, Melodie, Gesten
Luft:	Zauberspruch
Wasser:	Gegenstände
Erde:	Symbole, Gegenstände, Gesten

3. Die Grammatik der verwendeten Sprache

Ein Aspekt, der nur selten berücksichtigt wird, ist die Grammatik der in dem Zauberspruch verwendeten Sprache. Jede Sprache hat ihre eigene Grammatik, die auch die grundlegenden Struktur bildet, in der in dieser Sprache gedacht, gesprochen und gehandelt wird. Wenn man mehrere Sprache gut kennt, wird man nach einer Weile merken, daß sich manche Dinge in der einen Sprache leicht beschreiben lassen, während das in der anderen Sprache schwieriger ist. Dieser Unterschied wird umso größer, je verschiedener diese Sprachen sind.

Dies zeigt sich schon bei den ganz grundlegenden Unterschieden des Satzbaus. So gut wie alle Sprachen stimmen darin überein, daß erst das Subjekt (von ihm geht eine Wirkung aus) genannt wird und dann das Objekt (ihn trifft die Wirkung). Das Verb (die Wirkung) kann jedoch an verschiedenen Stellen in diesen Satz stehen.

Im Deutschen ist die Folge „Subjekt – Verb – Objekt". Hier erscheint ein Handelnder (Subjekt), der etwas bestimmtes tut (Verb) und damit etwas anderes (Objekt) verändert. Im Deutschen steht daher der Handelnde und seine Durchsetzungsfähigkeit im Zentrum des Interesses.

Im Lateinischen ist die Folge „Subjekt – Objekt – Verb". Hier erscheint ein Handelnder (Subjekt), der sich auf etwas Bestimmtes ausrichtet (Objekt) und dann auf dies bezogen etwas bestimmtes tut (Verb). Im Lateinischen steht daher auf eher statische Weise der Handelnde und seine Verbindungen zu den Menschen und Dingen in seiner Umgebung (Objekt) im Zentrum des Interesses.

Im Altägyptischen ist die Folge „Verb – Subjekt – Objekt". Hier erscheint ein Vorgang (Verb), der von einem Handelnden (Subjekt) ausgeht und etwas anderes erreicht (Objekt). Im Altägyptischen steht daher der Vorgang, der Prozeß im Zentrum des Interesses.

Derartige Unterschiede gibt es z.B. auch in Bezug auf die Auffassung der Zeit des Raumes oder in Bezug auf den Zusammenhang zwischen Zeit und Raum.

Ein ganz einfaches Beispiel für solche Unterschiede ist z.B. das lateinische Adjektiv „alto", das einen großen Abstand zwischen oben und unten beschreibt. Im Deutschen gibt es kein solches Wort, weil stets der Standpunkt des Beobachters miteinbezogen wird, weshalb es als Übersetzung für „alto" die beiden Worten „hoch" (der Beobachter steht unten) und „tief (der Beobachter steht oben) gibt.

Das Lateinische schaut von außen her auf die Szene und sieht den großen Abstand zwischen oben und unten – im Deutschen ist der Beobachter ein Teil der Szene und schaut daher entweder nach oben oder nach unten. Das Lateinische verwendet einen objektiven und eher statischen Standpunkt – es schaut nach dem Verhältnis zwischen zwei Dingen (Subjekt – Objekt – Verb); das Deutsche verwendet einen subjektiven und eher dynamischen Standpunkt – es schaut nach dem Verhältnis der Ich-Person zu einer möglichen eigenen Handlung im außen (Subjekt – Verb – Objekt).

Je nachdem, welche Sprache in einem Zauberspruch verwendet wird, erscheinen die in ihm formulierten Absichten verschieden – und auch verschieden schlüssig.

So ist z.B. eine symbolische Handlung im Altägyptischen nicht von ihrer magischen Wirkung getrennt, weil die ägyptische Sprache nicht zwischen der physischen und der magischen Handlung unterscheidet.

Dies zeigt sich in der altägyptischen Grammatik darin, daß die Sätze immer mit einem Verb beginnen – der Prozeß steht im Vordergrund und in welchem Bereich er sich materialisiert (Materie oder Lebenskraft), ist zweitrangig (Verb – Subjekt – Objekt).

Daher läßt sich im Altägyptischen Analogiemagie (Sympathiemagie) sehr einfach ausdrücken – man muß nur die Handlung des Magiers beschreiben – daß diese Handlung sowohl eine physische als auch eine magische Seite hat, die einander gleichen, ist selbstverständlich und muß gar nicht besonders erwähnt werden.

Eine Wahl der verwendeten Sprache besteht für den Zauberer natürlich nur dann, wenn er außer seiner Muttersprache eine oder mehrere weitere Sprachen so gut verstehen und sprechen kann, daß er ein ausreichend klares Gefühl für sie entwickelt hat.

4.   Magie = dominante Sprache

Es gibt noch einen letzten Sprach-bezogenen Punkt hinsichtlich der Zaubersprüche: Ein Zauberer will seinen Willen durchsetzen und benutzt dafür seine Sprache, die somit eine dominante Sprache ist.

Der Zauberer muß dafür nicht notwendigerweise ein dominanter Mensch sein, der alle anderen unterdrückt und manipuliert (wie in der Schwarzen Magie), aber ein gewisser Siegeswille ist schon notwendig, um einen Zauberspruch erfolgreich auszusprechen.

Dieses Magie-Konzept der „dominanten Sprache" ist allerdings von der ursprünglichen indogermanischen Sprache her gedacht, die den Satzbau „Subjekt – Verb – Objekt" hatte – was sich in den meisten Sprachen, die von ihr abstammen, erhalten hat. In dieser Sprache gibt es eine Person (Subjekt), die eine Handlung (Verb) gegen andere (Objekt) durchsetzen will. Die indogermanische Sprache hat generell eine „Grammatik der Herrschaft" – die Indogermanen waren Hirten, Krieger und Eroberer. (Bei Bedarf siehe dazu mein Buch „Indogermanische Religion".)

Aus der Sicht z.B. von Lao-tse ist dies z.B. völlig anders. In seinem Tao-Tê-King beschreibt er, daß die magische Wirkung (Tê) dann auftritt, wenn man im Einklang mit dem Tao ist. Das findet sich auch in der chinesischen Grammatik wieder. Sie hat zwar auch den Aufbau „Subjekt – Verb – Objekt", aber während die Worte in den indogermanischen Sprachen entsprechend des Geschlechts (Genus), der Bezüge (grammatischer Fall = Konjugierung), der Anzahl (Numerus), der Zeit (Tempus) usw. stark verändert und somit „individuell" werden, verändern sich die Worte in der chinesischen Sprache nicht – sie bleiben immer gleich.

Dadurch erscheint die Welt aus der Sicht der chinesischen Sprache sehr viel statischer als z.B. aus der Sicht der deutschen Sprache. Folglich ist die Vorstellung einer grundlegenden Ordnung oder eines universellen Ereignis-Flusses (Tao) aus der Sicht der chinesischen Sprache sehr viel naheliegender als aus der Sicht der deutschen Sprache.

Wenn man einen Zauberspruch als „dominante Sprache" auffaßt, gibt es natürlich einen fließenden Übergang zu der dominanten Sprache im Alltag, die sich dadurch auszeichnet, daß man mithilfe von Sprach-Strategien wie provokativen Fragen, systematischem Anzweifeln der Aussagen des anderen, Lügen, Suggestionen usw. die eigenen Ansichten durchsetzt und dadurch auch die anderen zwingt, das zu tun, was man selber will.

III Die Arten der Zaubersprüche

Es gibt keineswegs nur eine einheitliche Art von Zaubersprüchen – sie können im Gegenteil sehr verschieden aussehen und auch einen verschieden Wirkungs-Mechanismus haben.

1. Die Verwendung von bestimmten Sprachen

Über die Verwendung verschiedener Sprachen und die Auswirkung der Grammatik dieser Sprachen auf die Zaubersprüche ist schon in dem vorigen Kapitel gesprochen worden.

Es gibt jedoch noch einen anderen Aspekt der Wahl einer bestimmten Sprache. So sind z.B. die meisten Zaubersprüche in „Harry Potter" auf Lateinisch verfaßt worden. Latein ist im europäischen Mittelalter die „alte Sprache" und auch die „Sprache der Kirche" und die „Sprache der Gelehrten" gewesen. Es lag daher nahe, auch Zaubersprüche auf Latein zu verfassen. Für diejenigen, die kein Latein sprechen konnten, waren diese Zaubersprüche dadurch zudem etwas Geheimnisvolles – was einem Zauberspruch ja niemals schadet …

In Maßen gibt es dasselbe Phänomen auch bei der altägyptischen Sprache. Ein in Hieroglyphen geschriebener Zauberspruch hat einfach etwas sehr Überzeugendes und Mystisches.

Ein weiteres Beispiel ist die arabische Sprache, in der der Koran verfaßt worden ist. Besonders strenggläubige Moslems gehen daher davon aus, daß Gott arabisch spricht – was aus der Sicht dieser Personen bedeutet, daß religiöse und magische Texte am wirksamsten sind, wenn sie auf arabisch gesprochen werden.

In der heutigen Zeit ist Englisch zu einer Art „Magie-Sprache" geworden, was einfach daran liegt, daß lange Zeit niveauvolle Magie-Bücher fast nur in englischer Sprache erhältlich waren und daher im deutschen Bereich Rituale des öfteren auf Englisch durchgeführt worden sind.

2. Traditionelle Texte

Ein Aspekt von Zaubersprüchen ist ihr Alter, d.h. die Tradition und der Kult, der ihm zugrundeliegt. Wenn derselbe Spruch über lange Zeit hinweg verwendet wird, wird er zu einer Art „Resonanzraum", der zu erklingen beginnt, wenn man diesen

Zauberspruch verwendet. Das Vergangene schwingt mit, wenn man diesen Zauberspruch erneut ausspricht.

Das gilt natürlich nicht nur für Zaubersprüche, sondern auch für Gesten wie das segnende Handlauflegen oder für ganze Rituale wie z.B. die Schwitzhütte, die das älteste bekannte Ritual ist.

Um dieses „Lebenskraft-Reservoir", das in alten Magie-Texten liegt, anzuzapfen, werden oft Zitate aus alten Texten in neue Rituale oder in neue Zaubersprüche eingefügt.

Manchmal werden in Zaubersprüchen auch berühmte Verfasser von Texten wie „Hermes Trismegistos", „Paracelsus" oder gar „Gabriel" namentlich zitiert, um dem Zauberspruch Gewicht zu verleihen. Diese Tradition ist schon sehr alt – bereits die Ägypter haben ihren Zaubersprüchen manchmal kurze Hinweise oder Geschichten beigefügt, die zeigen sollten, daß diese Verse von dem Magie-Gott Thot persönlich verfaßt worden sind.

Manchmal ist auch der Text, aus dem zitiert wird, das Berühmte wie z.B. die Texte aus den Mysterien von Eleusis oder die „Tabula smaragdina".

Bei diesem Zitieren von Sprüchen in Sprachen, die der Magier manchmal selber nicht verstehen und sprechen konnte, kam es natürlich auch zu Veränderungen der ursprünglichen Worte. So ist z.B. aus dem zentralen Spruch „hunc est corpus" („Dies ist der Leib …") aus der christlichen Eucharistie das Zauberwort „Hokuspokus" geworden. Das zweite dieser berühmten Zauberworte ist „Abracadabra", das wahrscheinlich aus dem hebräischen „ha-bracha dabra" für „Sprich die Segnung" entstanden ist. Das dritte berühmte Zauberwort ist „Simsalabim" und geht vermutlich auf die Formel „similia similibus curentur", d.h. „Gleiches heilt Gleiches" zurück. Dieser Spruch ist u.a. der Grundsatz der Sympathiemagie und der Homöopathie.

Solche alten Texte, Sprüche oder Worte waren entweder ganz besonders berühmt oder ganz besonders geheim – und in beiden Fällen essentiell.

3. Mantras

Auch bei einem Mantra gibt es den Effekt des Schaffens eines „Lebenskraft-Resonanzraumes" durch den langen Gebrauch des Mantras – in diesem Fall sowohl des Gebrauchs des Mantras durch viele Generationen von Meditierenden als auch durch den eigenen Gebrauch des Mantras über viele Jahre hinweg.

Der Effekt ist im Grunde derselbe wie bei einem über lange Zeit hin verwendeten Ritual wie der Schwitzhütte, den Mysterien von Eleusis, der Eucharistie und seit neuerer Zeit auch dem Kleinen Pentagramm-Ritual.

4. Einweg-Zaubersprüche

Eine spezielle Form von Zaubersprüchen wird im Gegensatz zu den endlos lange verwendeten Mantren nur ein einziges Mal verwendet. Diese Zaubersprüche sind meistens kurze, prägnante Sätze, die einen Wunsch ausdrücken. Sie werden zu einem einfachen Symbol oder zu einer Sigille komprimiert, die dann intensiv imaginiert wird.

Dieses Verfahren wird meistens „Sigillen-Magie" genannt.

5. Improvisierte Zaubersprüche

Noch eine andere Form der Zaubersprüche sind die improvisierten Anrufungen. Ihre Wirksamkeit beruht auf einem völlig anderen Prinzip – nämlich dem Kontakt mit einer Gottheit.

Wenn man bei einer Anrufung oder auf einer Traumreise die Gottheit, zu der man Kontakt aufnehmen will, tatsächlich innerlich oder äußerlich vor sich sehen kann, wird man von den zunächst verwendeten vorgegeben und vorformulierten Texten zu einem direkten Gespräch mit der Gottheit übergehen und diese Gottheit dann um einen Rat, um Hilfe oder um die Erfüllung eines Wunsches bitten.

Dieses Gespräch mit einer Gottheit ist dann gewissermaßen ein „improvisierter Zauberspruch".

Bei diesem Verfahren sendet man nicht mehr einen „Brief" (die Sigille) ins Jenseits, also in die „Magie-Ebene", sondern man geht selber auf diese Ebene und richtet seine Bitte in einem Gespräch an die Wesen auf dieser Ebene (Gottheiten).

6. Passworte

Manche Zaubersprüche werden auch wie Passworte dargestellt – z.B. die Gottes-namen bei den Elemente-Pentagrammen und bei den Planeten-Hexagrammen.

Dieses Prinzip findet sich schon im ägyptischen Totenbuch, wo der Tote die Namen der Tore, der Schwellen, des Fußbodens, der Wächter usw. der Halle des Osiris ken-nen muß, um zum Jenseitsgericht eingelassen zu werden.

Teilweise werden auch in Orden und in Einweihungs-Ritualen Worte und Sätze ver-wendet, die den Charakter von Passworten haben, weil sie notwendig sind, um zu etwas zugelassen zu werden.

Diese Passworte sind jedoch eigentlich keine Zaubersprüche, sondern eher soziale Abgrenzungen und soziale Übereinkünfte mit meist nur sehr geringer magischer Bedeutung.

IV Eigenschaften guter Zaubersprüche

Gute Zaubersprüche haben meistens mehrere Eigenschaften, die sie zu guten Zaubersprüchen haben werden lassen. Die bekannteren Zaubersprüche haben meistens mehrere dieser Eigenschaften.

1. Das Alter

Die auffälligste Eigenschaft guter oder zumindestens beliebter Zaubersprüche ist ihr hohes Alter. Dabei gibt es die meist unausgesprochene Annahme, daß es ursprünglich einmal ein Goldenes Zeitalter gegeben hat, in der den Menschen noch alle Weisheit und Magie zugänglich gewesen ist und wir heute in der Magie am effektivsten sind, wenn wir uns auf das Wenige, was uns aus dieser Zeit überliefert worden ist, beziehen.

2. Herkunft aus einem Kult

Viele Zauberworte und Zaubersprüche stammen aus Ritualen aus einem früheren und teilweise auch noch heutigen Kult. Die betreffenden Zaubersprüche und Zauberworte sind oft die Begriffe oder Sätze, die die Essenz des betreffenden Ritual ausgedrückt haben („Hokuspokus") oder eine oft verwendete Formel („Abrakadabra") sind.

3. markantes Bild

Manche Zaubersprüche zeichnen sich durch ihre Bildhaftigkeit aus, d.h. sie rufen in dem Magier, während er den Text spricht, Bilder hervor, die zum einen die Konzentration erhöhen und zum anderen die Imagination dessen, was der Zauberspruch beschreibt und bewirken will, erleichtert.

4.   Wesentliches treffend beschreiben

Inhaltlich sollte ein guter traditioneller Zauberspruch etwas Wesentliches treffend und markant beschreiben – sonst wird er kaum über lange Zeit hinweg Verwendung finden.

Diese Art des Zauberspruchs geht fließend in den Bereich der Weisheits-Sprüche über, die keine magische Wirkung haben, aber den Menschen zu hilfreichen Einsichten verhelfen.

5.   Bezug zu den Göttern

Viele Zaubersprüche haben, da sie aus einem Kult stammen, einen Bezug zu den Göttern, zu einem Glauben oder zu einer Weltanschauung. Daher sind viel Zaubersprüche und Mantren kurze Anrufungen von Gottheiten, also „Kurz-Invokationen".

6.   Spannungsbogen

Einige der längeren Zaubersprüche haben einen komplexen Aufbau und einen ausgefeilten Spannungsbogen, die die Konzentration während des Sprechens des Zauberspruches immer weiter steigern. Diese Zaubersprüche sind mehr ekstatisch als meditativ.

7.   Unerwartetes

Ein eher seltenes Element in Zaubersprüche sind überraschende Wendungen in dem Text.

8.   lyrischer Aufbau

Ein weiterer formaler Aspekt guter Zaubersprüche ist das Versmaß und der Reim, durch die diese Zaubersprüche zu schwingen und zu „vibrieren" beginnen.

Der typischste Reim für magische Texte ist der inhaltliche Reim, der sich u.a. sowohl bei den Sumerern und Ägyptern als auch bei den Germanen findet. Bei diesem Reim folgen zwei Sätze aufeinander, die denselben grammatischen Aufbau und dieselbe Aussage haben, die jedoch mit verschiedenen Bildern beschrieben wird.

Drei Beispiel für diese Reimform sind:

Re ist wie ein Löwe in der Wüste;
Re ist wie ein Panther in der Steppe.

Möge Dir der eisige Wind keine Rast am Tag geben!
Möge Dir das spitze Stroh keine Ruhe in der Nacht gewähren!

Isis gibt Deinem Leib, Osiris, Lebenskraft;
Thot gewährt Deinen Gliedern, Osiris, Heilung.

9. Singbarkeit

Am Ende der altägptischen Zaubersprüche findet sich manchmal der Hinweis „gut singbarer Zauberspruch", was deutlich zeigt, daß diese Sprüche wie die Bibeltexte in der Gregorianik und wie die buddhistischen Texte in Tibet oft nicht gesprochen, sondern gesungen wurden.

Auch in der heutigen Magie ist dieses „Intonieren" bei den wichtigeren, zentralen Begriffen wie z.B. bei den Gottesnamen im Pentagramm-Ritual üblich.

V Wirkungsweise von Zaubersprüchen

Es lassen sich drei Wirkungsweisen von Zaubersprüchen unterscheiden – oder Aspekte ihrer Wirkungsweisen, da meistens mehrere dieser Aspekte zusammenwirken.

1. Tradition

Der erste Aspekt ist die Tradition, die zu einem Wiedererkennen und zu vielfältigen Assoziation führt. Besonders deutlich ist dieser Aspekt bei den Mantras. Durch die Assoziation des Sprechens eines Zauberspruches zu allen früheren Gelegenheiten, bei denen dieser Spruch von einem selber oder von anderen verwendet worden ist, entsteht eine Resonanz zu den früheren Verwendung – sozusagen ein magischer Klangkörper, der die Intensität der Wirkung verstärkt.

2. Konzentration

Der zweite Aspekt ist die treffsichere Formulierungen, durch die die Ausrichtung des Magiers auf sein Ziel einsgerichtet werden kann. Der Zauberspruch ist daher auch eine Konzentrationshilfe – wobei natürlich auch das Geheimnisvolle, das einen Zauberspruch umgibt, diese Konzentration fördert.

3. Mythologie-Bezug

Der dritte Aspekt ist der Bezug des Zauberspruches zu einer Mythologie u.ä., was in den meisten Fällen die Anrufung einer Gottheit und folglich den Kontakt zu ihr beinhaltet.

VI Beispiele für Zaubersprüche

Das Wesen von Zaubersprüchen läßt sich am einfachsten an einigen Beispielen aus verschiedenen Kulturen und in verschiedenem Stil veranschaulichen.

1. Ägyptische Pyramidentexte

Dieser Zauberspruch soll vor Schlangenbissen schützen. Seine Wirkung beruht darauf, daß der zu schützende Mensch mit dem Gott Horus gleichgesetzt wird, der von seiner Mutter Isis vor Schlangenbissen geschützt worden ist.

Dieser Zauberspruch ist der Pyramidenspruch 378 aus dem Alten Reich.

O Du Schlange im Himmel!
Tausendfüßler auf der Erde!
Die Sandale des Horus ist es,
die die Nechi-Schlange niedertrampelt,
die Nechi-Schlange, die Horus bedrohte,
das kleine Kind mit dem Finger in seinem Mund,
und ich bin Horus,
das kleine Kind mit seinem Finger in seinem Mund.
Du bist gefährlich für mich,
deshalb habe ich auf Dich getreten;
hüte Dich vor mir,
und ich werde nicht auf Dich treten,
denn Du bist die Geheimnisvolle und Unsichtbare,
von der die Götter sprechen;
denn Du bist eine, die keine Beine hat,
denn Du bist eine, die keine Arme hat,
mit Denen Du hinter Deinen Brüdern, den Göttern, hergehen könntest.

Bei diesem Spruch zeigt sich deutlich, daß man die Schlange trotz ihrer Gefährlichkeit nicht einfach als ein bösartiges Tier ansah, das man töten mußte, sondern daß sie ihren Platz in der Welt hatte und sogar zu den Göttern gehörte.

Die Identifizierung mit Horus soll dem Sprecher den Schutz verleihen, den Isis auch ihrem Gott Horus gab. In späterer Zeit gab es in jedem Dorf eine Statue von Harpokrates, also Horus als Kind mit dem Finger in seinem Mund, der auf Schlangen und Krokodilen stand. Über diese Statue goß man einen Krug Wasser, das man mithilfe einer Rinne unter der Statue wieder auffing und dann trank, wenn man von einer Schlange gebissen worden war. Diese Methode hat durchaus eine Ähnlichkeit mit der heutigen homöopathischen Herstellung von Arzneimitteln.

2. Assyrischer Schutzzauber

Dieser Fluch ist die Bannung eines Altptraums. Diese Bannung wirkt über die Anrufung von Gottheiten und über die einprägsamen Bilder.

Der, der den Schutz meines Bettes verletzt hat,
der mir schreckliche Träume gebracht hat –
möge er vor Angst schrumpfen!
Auf den Befehl des Ninurta,
des ersten Sohnes, des geliebten Sohnes,
und auf den Befehl des Marduk,
der in E-Sagil in Babylon lebt,
wird er dem Bedu übergeben,
dem Haupt-Torwächter der Unterwelt!
Du, Tor, und Du, Riegel –
ich stehe unter dem Schutz
von euch beiden göttlichen Herren!

3. Zauberspruch des Taliesin (Kelten)

Dies ist einer der Zaubersprüche, die das Element der Überraschung in Form eines Rätsels integriert haben. Man erkennt erst gegen Ende dieses langen Zauberspruches, worauf der Barde/Druide Taliesin eigentlich abzielt.

Ihr kümmerlichen Barden,
durch sanften magischen Druck
versuche ich mir so gut ich kann, den Preis zu sichern;
Ich strebe danach, den Verlust,
den ich erlitten habe, wieder zurückzuholen;
Ich hoffe damit erfolgreich zu sein,

weil Elphin in der Festung von Teganwy[1] Kummer erleidet.
Mögen ihn nicht zu viele Ketten und Fesseln binden;
den Thron von Teganwy werde ich wieder aufsuchen.
Von meinem Schutzgeist[2] unterstützt bin ich machtvoll;
Ich erschaffe eine große Macht,
denn in dem Lied, das ich singe,
sind dreihundert[3] Lieder und mehr miteinander verwoben.
Da, wo ich bin, sollte lieber kein Stein und kein Ring stehen
und um mich her sollte lieber kein Barde sein,
der nicht weiß, daß Elphin, Sohn des Gwyddno[4] im Land von Artro[5] ist
– gefesselt mit dreizehn Schlössern –
und den preist, der den Befehl dafür gab.
Ich, Taliesin, der oberste Barde des Westens,
werde Elphin aus seiner goldenen Fessel befreien.

Wenn ihr Barden vom höchstem Rang seid
und das Wissen über die Welt besitzt,
dann erläutert die Geheimnisse über die Bewohner dieser Welt:[6]
Es gibt ein unheilbringendes Wesen,
das aus der Festung Satans kommt,
das alles zwischen dem Tiefen und dem Flachen unterworfen hat;
sein Maul ist genauso weit wie die Berge der Alpen
– dieses Wesen kann der Tod nicht unterwerfen
und auch keine Hand und keine Klinge.
In den Haaren seiner zwei Klauen

---

1 Teganwy: Burg und Stadt an der nordwalischen Küste an der Mündung des Flusses Conwy; die damals noch hölzerne Burg liegt auf einem 100m hohen Hügel mit Blick auf das Meer

2 Schutzgeist: entweder die Seele des Taliesin oder der Sonnengott-Göttervater selber (wie bei Cú Chulainn im keltisch-irischen Nationalepos „Der Rinderraub von Cuailgne")

3 300: Nach der damaligen ketischen und germanischen sowie auch allgemein indogermanischen Symbolik steht die „3" für die „Sonne" und die „100" für das Größte in einem Bereich. Die „300" als die Kombination, d.h. Multiplikation der „3" mit der „100" symbolisiert folglich den Sonnengott – Taliesin singt also die Lieder des Sonnengott-Göttervaters.

4 Gwyddno: Vater des Elfin, des ersten Gönners des Taliesin, Fürst von Dyfed in Südwest-Wales

5 Artro: offenbar eine Gegend am Tegid-See

6 Hier beginnt Taliesin mit einem Lied, das eine Anrufung/Beschwörung ist. Der Erfolg dieser Beschwörung zeigt, daß Taliesin auch die Fähigktieten eins Druiden besiezt – und folglich zurecht als „Merddin", d.h. als „Merlin" und somit als „Druide, Magier, Zauberer" bezeichnet wird.

kleben neunhundert Wagenladungen Erde;[7]
in seinem Haupt ist ein Auge
– grünlich wie ein durchsichtiger Eiszapfen;
drei Quellen entspringen aus seinem Nacken
und in ihrem Wasser rollen Sturmwogen dahin
– dort starben die Stiere des wasserreichen Deivrdonwy.[8]
Die Namen der drei Quellen in der Mitte des Ozeans:
Eine läßt das Salzwasser aus der Corina fließen
und erschafft die Fluten des Meeres,
die auch wieder in sie hinein verebben;
die zweite fällt auf uns herab,
wenn sie im herniederschüttenden Himmel regnet;
die dritte erscheint in den Adern der Berge
als ein Feuerstein-Festessen.
Sie sind das Werk des Königs aller Könige.
Ihr stümperhaften Barden, die ihr voller Sorge seid:
Ihr könnt nicht das Königtums der Briten preisen!
Ich, Taliesin, der oberste Barde des Westens,
werde Elphin aus seiner goldenen Fessel befreien.

Schweigt, ihr unglücklichen, reimenden Barden,
denn ihr könnt nicht Wahrheit von Falschheit unterscheiden.
Wenn ihr Barden vom höchsten Rang seid,
die vom Himmel geformt wurden,
dann sagt eurem König, was sein Schicksal sein wird!
Ich bin der Seher und der oberste Barde
und ich kenne jeden Weg in dem Land eures Königs.
Ich werde Elphin aus dem Bauch des steinernen Turmes befreien
und ich werde eurem König sagen, was ihm geschehen wird.
Ein sehr seltsames Wesen wird als Strafe für den Frevel
aus den Sümpfen am Meeresstrand von Rhianedd[9] kommen
und Maelgwn Gwynedd heimsuchen!
Seine Haare, seine Zähne und seine Augen sind golden,
und es wird Vernichtung über Maelgwn Gwynedd bringen!

---

7 „900": „9" = zum Jenseits gehörig"; „100" = das Größte in einem Bereich" => „900" die Jenseitsgöttin

8 Deivrdonwy: Ort, der auch im Mabinogion erwähnt wird und der auch dort als „wasserreich" bezeichnet wird

9 Rhianedd: Ort an der Küste von Nordwales in der Nähe von Liverpool

Schaut euch an, welch ein Wesen aus der Zeit vor der Sintflut dies ist:
ohne Fleisch, ohne Knochen,
ohne Adern, ohne Blut,
ohne Kopf, ohne Füße;
Es ist weder jünger noch älter als der Anfang.
Aus Angst vor einer Ablehnung
wurden von diesem Wesen noch nie etwas grob verlangt.
Großer Gott! Wie das Meer erblaßte, als es das erste Mal erschien!
Riesig sind die Böen, wenn es aus dem Süden kommt,
riesig ist die Gischt, wenn es auf die Küste trifft,
es ist in den Feldern, es ist im Wald,
es ist ohne Hand und ohne Fuß,
es ist ohne ein Zeichen des Alters,
obwohl es zu allen fünf Zeitaltern lebte
– und noch länger: die Jahre sind unzählbar.
Es ist so weit wie die Oberfläche der Erde
und es wurde nie geboren und nie gesehen.
Ich werde Fassungslosigkeit verursachen, wo immer Gott es will.
Im Meer, auf dem Land sieht man es nicht und es wird nicht gesehen.
Sein Weg ist krumm
und es wird nicht kommen, wenn man nach ihm verlangt.
Auf dem Land und auf dem Meer ist es unverzichtbar.
Es ist ohne seinesgleichen, es hat vier Seiten;
es ist unbegrenzt, es ist unvergleichlich;
es kommt aus den vier Richtungen,
es nimmt keinen Rat und es gibt keinen Rat.
Es setzt seine Reise fort über den Marmor-Felsen.
Es ist klangvoll, es ist taub,
es ist mild, es ist stark, es ist kühn,
wenn sein Blick über das Land streift.
Es ist schweigend, es ist klingend, es ist lärmend,
es ist das geräuschvollste auf der Erde.
Es ist gut, es ist böse, es ist das Allerzerstörerischste.
Es ist verborgen, denn Blicke können es nicht erfassen.
Es ist verderblich, es ist segensreich,
es ist dort und es ist hier,
es wird zerstückeln, aber nicht den Schaden heilen.
Es wird nicht für seine Taten leiden,
denn es ist ohne Tadel,
es ist naß und es ist trocken,

es kommt oft aus der Hitze der Sonne heraus
und aus der Kälte des Mondes.
Der Mond ist weniger segensreich, denn seine Hitze ist kleiner.
Ein Wesen hat es aus allen Lebewesen heraus erschaffen
– damit es mit einer einzigen Bö
die Vernichtung über Maelgwn Gwynedd bringt!

Während Taliesin dieses Lied sang, erhob sich ein so gewaltiger Sturm, daß der König und alle seine Edlen fürchteten, daß die Burg über ihren Köpfen zusammenbrechen werde.

Das zunächst sehr merkwürdig anmutenden Strophen des Liedes des Taliesin entpuppen sich nach und nach als eine bilderreiche, poetische und sehr wirkungsvolle Anrufung des Windes: Das von Taliesin beschriebene unglaubliche Ungeheuer ist der Sturm.

Dieser Wind wird aus dem Wasser der Unterwelt und aus der Sonne heraus geboren – deshalb ist das Monster golden.

Die drei Quellen erinnern an die dreifachen Schicksalsgöttinnen in der Wasserunterwelt und an die drei Beine des Sonnengottes als Wanderer.

Das eine Auge wird zunächst die Sonne sein, aber es erinnert auch daran, daß die Druiden beim Zaubern eines ihrer Augen schlossen.

Der „Barde des Westens" ist wohl ein Hinweis darauf, daß Taliesin durch eine Jenseitsreise eingeweiht wurde, da das Tor zum Jenseits im Westen liegt, wo die Sonne untergeht. Durch diese Reise hat Taliesin auch den Kontakt zu den Göttern und den Ahnen erlangt, die ihm nun das Ausüben seiner Magie ermöglichen. Die Betonung dieser Jenseitsreise läßt vermuten, daß die Barden des Königs keine solche Einweihung hatten und somit aus der Sicht des Taliesin auch keine richtigen Druiden/Barden waren.

Mit dem Schutzgeist, unter dessen Obhut Taliesin steht, könnte seine Seele gemeint sein, aber es könnte sich dabei auch um einen weniger persönlichen Geist handeln.

Die Verse des Taliesin integrieren die Bilder aus der Bibel, die sie neu kennengelernt hatten, in die Tradition der Druiden und Barden.

Taliesin ist offensichtlich auch in der Geschichte der Länder des Mittelmeerraumes gut bewandert.

4. ägyptisch-hethitscher Friedensvertrag

In dem um ca. 1340 v.Chr. geschlossenen Friedensvertrag zwischen dem Hethiter-König Shuppiluliuma und dem Mitanni-König Schattiwazza (beide Völker waren Indogermanen) wird in der Fluchformel die Unterweltsgöttin Ishara angerufen und ausdrücklich „Eid-Göttin" genannt. Dies ist der älteste bekannte Friedensvertrag.

Der zweitälteste Friedensvertrag, der noch heute bekannt ist, wurde um 1259 v.Chr. nach langen Streitereien und Kriegen zwischen dem ägyptischen Pharao Ramses II und dem Hethiter-König Hattushilli III geschlossen, nachdem beide ihrerseits durch die erstarkten Assyrer bedroht wurden. Dieser Friedensvertrag ist daher zugleich auch ein Verteidigungs-Bündnis gegen die Assyrer gewesen.

Die eine Version dieses Friedensvertrages findet sich auf den Wänden des Tempels von Karnak, die andere Version wurde im Palast von Hattusha gefunden. Die Verträge wurden ausgetauscht. Das bedeutet, daß in der hethitischen Version Ramses II der Sprecher ist und in der ägyptischen Version Hattushilli III der Sprecher ist.

Ramses II spricht von sich selber in der 3. Person, d.h. er sagt statt „ich" seinen eigenen Namen, der in der Schreibung, die in diesem Vertrag benutzt worden ist „Reamasesa" lautet.

Man kann die beiden folgenden Texte als „Behördensprachen-Magie" bezeichnen – die aber trotzdem von den beiden Königen, zwischen denen dieser Friedensvertrag geschlossen worden ist, ausgesprochen ernst genommen worden ist.

Die eigentliche Eidformel steht am Ende des Vertrages.

Die wenigen Lücken in den Texten sind mit „… … …" gekennzeichnet.

Friedensvertrag zwischen Ramses II und Hattushili III
- hethitische Version -

Es beschließen Reamasea-mai-amana, der Große König, der König des Landes Ägypten, und Hattushili, der Große König, der König des Landes der Hatti (Hethiter), sein Bruder, für das Land Ägypten und für das Land Hatti, daß sie einen guten Frieden begründen und für immer gute Bruderschaft zwischen ihnen einhalten werden.

So spricht Reamasesa, der Große König, der König des Landes Ägypten, der Held des ganzen Landes, der Sohn des Minmaria, des Großen Königs, des Königs des Landes Ägypten, der Held, der Sohn des Minpahiritaria, des Großen Königs des Landes Ägypten, der Held – zu Hattushili, dem Sohn des Musili, dem Großen König, dem König des Landes Hatti, dem Held, dem Sohn des Sohnes des Shuppiluliuma, des Großen Königs, des Königs des Landes von Hatti, dem Helden:

27

„Siehe, ich habe eine gute Bruderschaft und einen guten Frieden nun und für immer zwischen uns begründet, um auf diese Weise auf ewig einen guten Frieden und eine gute Bruderschaft zwischen dem Land Ägypten und dem Land Hatti zu begründen.

Siehe, was des Großen Königs Verwandtschaft zwischen dem König des Landes Ägypten und dem Großen König des Landes der Hethiter betrifft: Die Götter wollen auf Grund dieses ewigen Abkommens nicht erlauben, daß zwischen uns Feindschaft besteht.

Siehe, Reamasesa-mai-Amana, der Große König, der König des Landes Ägypten, will die Bande begründen, die der Sonnengott Ra und der Sturmgott Teshshup für das Land von Ägypten und für das Land Hatti gewollt hat, damit gemäß den ewigen Banden sich keine Feindschaft zwischen ihnen niederlassen kann.

Nun hat Reamasea-mai-Amana, der Große König, der König des Landes Ägypten, die Bande des Bundes auf einer silbernen Tafel zusammen mit Hattushili, dem Großen König, dem König des Landes Hatti, seinem Bruder, begründet, die mit dem heutigen Tag beginnen, damit für alle Zeiten zwischen ihnen ein guter Frieden und eine gute Bruderschaft besteht.

Er ist ein Bruder für mich und er ist mit mir in Frieden; und ich bin ein Bruder für ihn und ich bin in Frieden mit ihm.

Siehe, wir sind vereint und es besteht bereits ein Band der Bruderschaft und des Friedens zwischen uns – und es ist besser als das Band der Bruderschaft und des Friedens, das früher zwischen dem Land Ägypten und dem Land Hatti bestanden hat.

Siehe, Reamasesa-mai-Amana, der Große König, der König des Landes Ägypten, ist in Frieden und Bruderschaft mit Hattushili, dem Großen König, dem König des Landes Hatti.

Siehe, die Kinder des Reamasesa, des Großen Königs, des Königs des Landes Ägypten, sie werden für immer in dem Zustand des Friedens und der Bruderschaft mit den Kindern des Hattushili, des Großen Königs, des Königs des Landes Hatti bleiben. Sie werden auf dem Weg unseres Bundes der Bruderschaft und des Friedens bleiben. Das Land Ägypten und das Land Hatti werden für immer in dem Zustand des Friedens und der Bruderschaft bleiben so wie es zwischen uns ist.

Reamasesa-mai-Amana, der Große König, der König des Landes Ägypten, wird niemals das Land Hatti angreifen, um einen Teil dieses Landes zu besitzen. Und Hattushili, der Große König, der König des Landes Hatti, wird niemals das Land Ägypten angreifen, um einen Teil von ihm zu besitzen.

Siehe den Bund, den der Sonnengott Ra und der Sturmgott Teshshup für die Ewigkeit zwischen dem Land Ägypten und dem Land Hatti erschaffen haben, den Frieden und die Bruderschaft, die keinen Raum für irgendeine Feindschaft zwischen ihnen lassen!

Siehe, Reamasesa-mai-Amana, der Große König, der König des Landes Ägypten, hat Frieden erschaffen, von dem heutigen Tag an.

Siehe, das Land Ägypten und das Land Hatti werden für immer in Frieden und Bruderschaft leben.

Wenn ein anderer Feind gegen das Land von Hatti zieht und Hattushili, der König des Landes von Hatti, mir diese Botschaft sendet: „Komme und hilf mit gegen ihn!", dann wird Reamasea-mai-Amana, der Große König, der König des Landes Ägypten, sein Heer und seine Streitwagen aussenden, um diesen Feind zu töten und dem Land Hatti Frieden zu bringen.

Wenn Hattushili, der Große König, der König des Landes Hatti, sich in Zorn gegen seine Städte erhebt, nachdem diese ein Verbrechen gegen ihn begangen haben, und er dann zu Reamasesa, dem Großen König, dem König des Landes Ägypten, eine Botschaft sendet, dann wird Reamasesa-mai-Amana, der Große König, der König des Landes Ägypten, sein Heer und seine Streitwagen aussenden und diese werden alle auslöschen, die sich im Zorn gegen ihn erhoben haben.

Wenn ein Feind gegen das Land Ägypten zieht und wenn Reamasesa-mai-Amana, der Große König, der König des Landes Ägypten, Dein Bruder, die folgende Botschaft zu Hattushili, dem Großen König, dem König des Landes Hatti, sendet: „Komme und hilf mir gegen ihn!", dann wird Hattushili, der König des Landes von Hatti sein Heer und seine Streitwagen aussenden und diesen Feind töten.

Wenn Reamasesa, der König des Landes Ägypten, sich in Zorn gegen seine Städte erhebt, nachdem diese ein Verbrechen gegen ihn begangen haben, und er deshalb zu Hattushili, dem Großen König, dem König des Landes Hatti, meinem Bruder, eine Botschaft sendet, dann wird Hattushili, der Große König, der König des Landes Hatti, mein Bruder, sein Heer und seine Streitwagen aussenden und diese werden alle auslöschen, die sich im Zorn gegen ihn erhoben haben.

Siehe, der Sohn des Hattushili, der König des Landes Hatti (Hattushili III), muß seine Herrschaft über das Land Hatti anstelle seines Vaters Hattushili (Hattushili II), nach den zahlreichen Jahren des Hattushili (II), König des Landes Hatti, sichern. Wenn sich die Kinder des Landes Hatti gegen ihn stellen, dann wird Reamasesa ihm ein Heer und Streitwagen senden, damit sie ihn unterstützen.

Wenn ein großer Mann oder eine große Frau aus dem Land Hatti flieht und er oder sie zu Reamasesa, dem Großen König, dem König von Ägypten, kommt, wird er ihn ergreifen und ihn in die Hände des Hattushili, dem Großen König, dem König des Landes Hatti, ausliefern.

Wenn ein Mann oder zwei Männer, die unbekannt sind, fliehen und sie dann zu Reamasesa kommen, um ihm zu dienen, dann wird Reamasesa sie ergreifen und sie in die Hände des Hattushili, des Königs des Landes Hatti, ausliefern.

Wenn ein großer Mann oder eine große Frau aus dem Land Ägypten flieht und er oder sie in das Land Amurru oder in eine Stadt dort zu dem König von Amurru kommt, dann wird Benteshina, der König von Amurru, ihn ergreifen und ihn zu dem

König des Landes Hatti, bringen. Und Hattushili, der Große König, der König des Landes Hatti, wird ihn zu Reamasesa, dem Großen König, dem König des Landes Ägypten bringen lassen.

Wenn ein Mann oder zwei Männer, die unbekannt sind, fliehen und sie aus dem Land Ägypten entkommen und wenn sie ihm nicht dienen wollen, dann wird Hattushili, der Große König, der König des Landes Hatti, sie in die Hände seines Bruders ausliefern und er wird ihnen nicht erlauben, im Land Hatti zu leben.

Wenn ein Adliger aus dem Land Hatti flieht oder zwei Männer und sie nicht dem König von Hatti dienen wollen und wenn sie aus dem Land des Großen Königs fliehen wollen, aus dem Land des Königs von Hatti, damit sie ihm nicht dienen müssen, dann wird Reamasesa sie ergreifen und sie zu Hattushili, dem Großen König, dem König des Landes Ägypten, seinem Bruder, senden lassen und er wird ihnen nicht erlauben, in dem Land Ägypten zu leben.

Wenn ein Adliger oder zwei aus dem Land Ägypten fliehen und sie in das Land Hatti ziehen, dann wird Hattushili, der Große König, der König des Landes Hatti, sie ergreifen und sie zu Reamasesa, dem Großen König, dem König des Landes Ägypten, seinem Bruder, bringen lassen.

Wenn ein Mann oder zwei Männer oder drei Männer aus dem Land Hatti fliehen und sie zu Reamasesa, dem Großen König, dem König des Landes Ägypten, seinem Bruder, kommen, dann wird Reamasesa, der Große König, der König des Landes Ägypten sie ergreifen und sie zu Hattushili, seinem Bruder, bringen lassen, da sie Brüder sind. Ihre Vergehen sollen ihnen nicht zur Last gelegt werden, ihre Zungen und ihre Augen sollen nicht herausgerissen werden; ihre Ohren und ihre Füße sollen nicht abgeschnitten werden; ihre Häuser mit ihren Frauen und ihren Kindern sollen nicht zerstört werden.

Wenn ein Mann oder zwei Männer oder drei Männer aus dem Land des Reamasesa, des Großen Königs, des Königs des Landes Ägypten, fliehen und wenn sie zu Hattushili, dem Großen König, meinem Bruder, kommen, dann wird Hattushili, der Große König, der König des Landes Hatti, mein Bruder, sie ergreifen und sie zu Reamasesa, dem Großen König, dem König des Landes Ägypten bringen lassen, denn Reamasesa, der Große König, der König des Landes Ägypten, und Hattushili sind Brüder. Ihre Vergehen sollen ihnen nicht zur Last gelegt werden, ihre Zungen und ihre Augen sollen nicht herausgerissen werden; ihre Ohren und ihre Füße sollen nicht abgeschnitten werden; ihre Häuser mit ihren Frauen und ihren Kindern sollen nicht zerstört werden.

Wenn ein Mann aus dem Land Hatti flieht, oder zwei Männer, und wenn sie aus dem Land Hatti fliehen und dann nach Ägypten kommen, und wenn ein Adliger aus dem Land Hatti oder aus einer Stadt flieht und wenn sie aus dem Land Hatti fliehen, um in das Land Ägypten zu ziehen, dann wird Reamasesa sie ergreifen lassen und sie zurück zu seinem Bruder bringen lassen.

Siehe, die Kinder des Landes Hatti und die Kinder des Landes Ägypten sind in Frieden miteinander.

Wenn einige Menschen aus dem Land Ägypten fliehen und in das Land Hatti ziehen, dann wird Hattushili, der Große König, der König des Landes Hatti, sie ergreifen und zu seinem Bruder bringen lassen.

Siehe, Hattushili, der Große König, der König des Landes Hatti, und Reamasesa, der Große König, der König des Landes Ägypten, Dein Bruder, sind in Frieden miteinander.

Wenn Reamasesa und die Kinder von Ägypten diesen Bund nicht beachten, dann werden die Götter und die Göttinnen des Landes Ägypten und die Götter und die Göttinnen des Landes Hatti die Nachkommen des Reamasesa, des Großen Königs, des Königs des Landes Ägypten, auslöschen!

Wenn Reamasesa und die Kinder des Landes Ägypten diesen Bund beachten, dann werden die Götter des Eides sie und ihre Kinder beschützen.

Denen, die die Worte, die auf diese silberne Tafel geschrieben sind, befolgen, werden die großen Götter des Landes Ägypten und die großen Götter des Landes Hatti gewähren, daß sie in ihren Häusern, in ihrem Land und mit ihren Dienern leben und gedeihen.

Diejenigen, die die Worte auf dieser silbernen Tafel nicht beachten, werden die großen Götter des Landes Ägypten und auch die großen Götter des Landes Hatti mit ihren Häusern, ihrem Land und ihren Dienern auslöschen!"

Friedensvertrag zwischen Ramses II und Hattushili III
- ägyptische Version -

Jahr 21, erster Monat der zweiten Jahreszeit, 21. Tag, unter der Herrschaft ihrer Majestät des Königs von Ober- und Unterägypten „User-maat-Re, Sohn des Re, Ramses Meri-Amon, dem für immer Leben gegeben ist, dem von Amon-Re Geliebten, Horus am Horizont, Ptah südlich seines Tempels, Herr des Lebens der beiden Länder, Mut die Herrin von Ishru, und Chons Neferhotep, der auf dem Horos-Thron des Lebens erscheint" (dieser lange Name ist der offizielle Titel von Ramses II) *– wie sein Vater Horus-akhti – für immer und ewig!*

Am heutigen Tag, während ihre Majestät in der Stadt „Haus des Ramses, dem von Amon Geliebten" weilt, und seinem Vater (dem Gott) *Amon-Re dessen Wohlbefinden bringt* (d.h. Opfer im Tempel), *dem „Horus am Horizont, dem Atum, Herr der beiden Länder, dem, der aus Heliopolis stammt, Amon des Ramses, der von Amon geliebt wird, Ptah des Ramses, der von Amon geliebt wird, und Seth, dem Großen an Stärke, dem Sohn der Nut", und er ihm eine Ewigkeit an Jubiläen gibt und eine Unendlich-*

keit an Lebensjahren, während alle Länder für alle Zeiten unter seinen Fußsohlen liegen.

Da kam ein königlicher Bote und Gesandter ... ... königlicher Gesandter ... ... User-Maat-Re Setep-en-Re (Königsname von Ramses II) ... ... Tar-Teshup (hethitischer Donnergott, entspricht dem germanischen Thor) *und der Bote aus Hatti trug eine silberne Tafel, die der Große Fürst von Hatti, Hattushili, dem Pharao – Möge er leben, gesund und stark sein! – brachte und die Majestät des User-Maat-Re Setep-en-Re* (d.h. Ramses II), *den Sohn der Sonne um Frieden bat, den Ramses geliebt von Amun, dem ewiges Leben gegeben ist wie seinem Vater Re an jedem Tag.*

Die Kopie der silbernen Tafel, die der große Fürst von Hatti, Hattushili, dem Pharao hat senden lassen – Möge er leben, gesund und stark sein! – durch die Hand seines Boten Tar-Teshup und durch seinen Boten Ra-mose, um seine Majestät User-Maat-Re, den Sohn des Sonnengottes Ra, Ramses, den von Amun Geliebten, dem Stier unter den Herrschern, der die Grenzen in jedem Land zieht, wie er will, um Frieden zu bitten.

Dies ist die vereinbarte Form, die der große Fürst von Hatti, Hattushili, der Mächtige, der Sohn des Mursili, dem großen Fürsten von Hatti, dem Mächtigen, der Sohn des Shuppiluliuma, dem großen Fürsten von Hatti, dem Mächtigen (Mursili ist der Vater und Shuppiluliuma der Großvater des Hattushili), *auf einer silbernen Tafel für User-Maat-Re, den großen Fürsten von Ägypten, den Mächtigen, den Sohn des Men-Ma'at-Re, dem großen Fürsten von Ägypten, dem Mächtigen, dem Sohn des Men-pehti-Re, dem großen Fürsten von Ägypten, dem Mächtigen, gemacht hat: die vereinbarte Form des Friedens und der Bruderschaft, die Frieden gibt ... ... für immer.*

Von nun an bis zu den Grenzen der Ewigkeit wird der Gott durch diese vereinbarte Form nicht erlauben, daß zwischen dem großen Herrscher von Ägypten und dem großen Fürsten von Hatti Feindschaft tritt. Doch in der Zeit des Muwatalli, dem großen Fürsten von Hatti, kämpfte mein Bruder mit Meri-Amun, dem großen Fürsten von Ägypten.

Doch siehe, von nun an, von diesem Tag an, ist Hattushili, der große Fürst von Hatti, durch die vereinbarte Form an das Verhältnis, das Re und Seth (Seth = ägyptische „Übersetzung" für Teshshup) *für das Land Ägypten mit dem Land Hatti getroffen haben, gebunden, damit zwischen den beiden keine Feindschaft entstehen kann – bis in alle Ewigkeit.*

Siehe, Hattushili, der große Fürst von Hatti, hat sich selber in die mit User-Maat-Re Setep-en-Re, dem großen Fürsten von Ägypten, vereinbarte Form gesetzt, die an diesem Tag beginnt, damit guter Frieden und Bruderschaft zwischen uns ist und daß er in Bruderschaft mit mir und ich in Frieden mit ihm bin und daß ich in Bruderschaft mit ihm und er in Frieden mit mir ist.

Siehe, da Muwatalli, der große Fürst von Hatti, mein Bruder, auf die Suche nach seinem Schicksal gegangen ist (hethitische Redewendung für „sterben") *und Hattu-*

shili sich als großer Fürst auf den Thron seines Vaters gesetzt hat, bin ich gekommen, um bei Ramses Meri-Amun, dem großen Herrscher von Ägypten zu sein, denn wir sind beieinander in unserm Frieden und in unserer Bruderschaft.

Siehe, ich, der große Fürst von Hatti, bin zusammen mit Ramses-meri-Amun in gutem Frieden und in guter Bruderschaft. Die Kinder der Kinder des großen Fürsten von Hatti sind in Bruderschaft und in Frieden mit den Kindern der Kinder des Ramses-meri-Amun, dem großen Fürsten von Ägypten, denn sie bleiben in unserer Vereinbarung der Bruderschaft und in unserer Vereinbarung des Friedens. Das Land Ägypten wird mit dem Land Hatti so wie wir in Frieden und Bruderschaft bleiben bis in alle Ewigkeit. Niemals mehr werden Feindseligkeiten zwischen uns geschehen.

Der große Fürst von Hatti wird bis in alle Ewigkeit nicht die Grenzen Ägyptens verletzen, um irgendetwas von dort zu nehmen. Und User-Maat-Re Setep-en-Re, der große Fürst von Ägypten, wird nicht die Grenzen des Landes Hatti verletzen, um irgendetwas von dort zu nehmen.

Ich bestätige die alte vereinbarte Form, die zu der Zeit des Shuppiluliuma, dem großen Fürsten von Hatti, und ebenso die vereinbarte Form, die zu der Zeit des Muwatalli, dem großen Fürsten von Hatti, meinem Vater, getroffen worden ist. Siehe, Ramses-meri-Amun, der große Herrscher von Ägypten, bindet sich von diesem Tag an an die vereinbarte Form, die er mit uns getroffen hat. Wir binden uns an sie und wir handeln entsprechend dieser alten Vereinbarung.

Wenn ein anderer Feind gegen die Länder des User-Maat-Re, des großen Herrschers von Ägypten, zieht, und er eine Botschaft zu dem großen Fürsten von Hatti sendet und sagt: „Komme zu mir mit Verstärkung gegen ihn!", dann wird der große Fürst von Hatti zu ihm kommen und der große Fürst von Hatti wird seinen Feind töten. Wenn es jedoch nicht der Wunsch des großen Fürsten von Hatti ist, selber zu gehen, dann wird er sein Heer und seine Streitwagen senden, und diese werden den Feind töten.

Oder wenn Ramses-meri-Amun, der große Herrscher von Ägypten, wütend über Diener, die ihm gehören, wird, und sie ein Verbrechen gegen ihn begehen und er gegen sie zieht, um sie zu töten, dann wird der große Fürst von Hatti ihn begleiten um alle zu töten, über die er wütend ist.

Doch wenn ein anderer Feind gegen den großen Fürsten von Hatti zieht, dann wird User-Maat-Re Setep-en-Re, der große Herrscher von Ägypten, mit Verstärkung zu ihm kommen und seinen Feind töten. Wenn es nicht der Wunsch des Ramses-meri-Amun, des großen Herrschers von Ägypten ist, zu ihm zu ziehen, wird er … … … Hatti, wird er sein Heer und seine Streitwagen senden und zudem eine Antwort an das Land Hatti senden.

Falls die Diener des großen Fürsten von Hatti sich gegen ihn erheben, und Ramses-meri-Amun … … …

… … … das Land von Hatti und das Land von Ägypten … … … das Leben. Wenn es geschehen sollte, daß ich mein Schicksal suchen gehen sollte (d.h. daß ich sterbe), dann wird Ramses-meri-Amun, der große Herrscher von Ägypten – Möge er ewig leben! – losziehen und zu dem Land Hatti kommen ... ... um zu ... ..., um ihn zum Herrscher über sie zu machen (bei Thronfolge-Streitigkeiten), indem User-Maat-Re Setep-en-Re, der große Fürst von Ägypten, ihn mit seinem Mund für immer zum Schweigen bringt. Danach ... ... das Land von Hatti und wird zurückkehren. Der große Fürst von Hatti und auch ... ...

Wenn ein großer Mann aus dem Land Ägypten flieht und zu dem Fürsten von Hatti kommt oder zu einer Stadt, die zu den Ländern des Ramses-meri-Amun, dem großen Herrscher von Ägypten, gehört, und sie zu dem großen Herrscher von Hatti kommen, dann wird der große Fürst von Hatti sie nicht aufnehmen. Der große Fürst von Hatti wird sie zu User-Maat-Re Setep-en-Re, dem großen Fürsten von Ägypten, ihrem Herrn, bringen lassen.

Oder wenn ein Mensch oder zwei Menschen – wer auch immer sie sein mögen – fliehen und sie zu dem Land Hatti kommen, um dort die Diener von jemand anderem zu sein, dann sollen sie nicht in Hatti bleiben, sondern zu Ramses-meri-Amun, dem großen Herrscher von Ägypten, gebracht werden.

Wenn ein großer Mann aus dem Land Hatti flieht und zu User-Maat-Re Setep-en-Re, dem großen Herrscher von Ägypten, kommt, oder wenn eine Stadt oder ein Bezirk oder ein ... ..., die zu dem Land Hatti gehört, und sie zu Ramses-meri-Amun, dem großen Herrscher von Ägypten kommen, dann wird User-Maat-Re Setep-en-Re, der große Herrscher von Ägypten, sie nicht empfangen. Ramses-meri-Amun, der große Herrscher von Ägypten, wird sie zu dem Fürsten von Hatti senden lassen. Sie werden nicht dort (in Ägypten) bleiben.

Ebenso: Wenn ein Mann oder zwei Männer – wer auch immer sie sein mögen – fliehen und sie zu dem Land Ägypten kommen, um dort die Diener anderer Menschen zu werden, wird User-Maat-Re Setep-en-Re, der große Herrscher von Ägypten, sie nicht dort behalten. Er wird sie zu dem großen Fürsten von Hatti bringen lassen.

Für diese Worte dieser vereinbarten Form, die der große Fürst von Hatti mit Ramses-meri-Amun, dem großen Herrscher von Ägypten, beschlossen und auf diese silberne Tafel hat schreiben lassen – für diese Worte sind tausend männliche und weibliche Gottheiten von denen aus dem Lande Hatti zusammen mit tausend männlichen und weiblichen Gottheiten von denen aus dem Lande Ägypten bei mir und bezeugen, daß sie diese Worte hören: (die Namen der aufgezählten hethitischen Götter erscheinen z.T. in ihrer ägyptischen Übersetzung) der Sonnengott, der Herr des Himmels; die Sonnengöttin von Arianna; der Sturmgott, Herr des Himmels (Teshshup); Seth von Hatti (Teshshup?); Seth der Stadt von Arianna; Seth aus der Stadt Zippalanda; Seth aus der Stadt von Pettiyark; Seth aus der Stadt von Hissashapa; Seth aus der Stadt von Sarissa; Seth aus der Stadt Aleppo; Seth aus der Stadt von Lihzina; Seth aus der Stadt ... ; ... ...; Seth aus der Stadt Sahpin; Anteret, die

Schutzgöttin des Landes Hatti; der Gott von Zitharias; der Gott von Karzis; der Gott von Hapantaliyas; die Göttin der Stadt Karahna; die Göttin ... ...; die Königin des Himmels; die Götter, die Herren der Eide sind; diese Göttin, die Herrin der Erde; die Herrin der Eide, Ishara; die Herrin der Berge und der Flüsse des Landes Hatti; die Götter des Landes Kizuwadna; Amon die Sonne; Seth; die männlichen Gottheiten; die weiblichen Gottheiten; die Berge (Ahnen in den Hügelgräbern?); und die Flüsse des Landes Ägypten; den Himmel, die Erde; das große Meer; die Winde; und die Wolken.

Diese Worte über das Land Hatti und das Land Ägypten, die auf dieser silbernen Tafel geschrieben stehen: denjenigen, der sie nicht einhält – tausend Götter des Landes Hatti zusammen mit tausend Göttern des Landes Ägypten werden sein Haus, sein Land und seine Diener vernichten!

Doch derjenige, der diese Worte einhält, die auf dieser silbernen Tafel geschrieben stehen, möge er aus Hatti oder aus Ägypten kommen, und der diese Worte nicht mißachtet, dem werden tausend Götter aus dem Lande Hatti zusammen mit tausend Göttern aus dem Lande Ägypten Wohlergehen bringen, den werden sie leben lassen zusammen mit seinem Haus und seinem Land und mit seinen Dienern.

Wenn ein Mann oder zwei Männer oder drei Männer aus dem Land Ägypten fliehen und wenn sie zu dem großen Fürsten von Hatti kommen, dann wird der große Fürst von Hatti sie ergreifen und sie zu User-Maat-Re Setep-en-Re bringen lassen. Doch dem Mann, der zu Ramses-meri-Amun, dem großen Herrscher von Ägypten, gebracht wird, sollen seine Vergehen nicht zur Last gelegt werden, lasse nicht sein Haus oder seine Frau oder seine Kinder vernichten, lasse ihn nicht töten, lasse nicht seine Augen, seine Ohren, seinen Mund oder seine Beine verletzen, lasse keinerlei Verbrechen gegen ihn geschehen.

Ebenso: Wenn ein Mann aus dem Land Hatti flieht, oder zwei Männer, und dann zu User-Maat-Re Setep-en-Re, dem großen Herrscher von Ägypten, kommen, dann soll Ramses-meri-Amun, der große Herrscher von Ägypten, sie ergreifen und zu dem großen Fürsten von Hatti bringen lassen, und der große Fürst von Hatti soll sie nicht für ihre Verbrechen bestrafen, und nicht sein Haus oder seine Frau oder seine Kinder vernichten lassen, ihn nicht töten, nicht seine Augen, seine Ohren, seinen Mund oder seine Beine verletzen lassen, keinerlei Verbrechen gegen ihn geschehen lassen.

Auf der Mitte der Tafel aus Silber ist dies: Auf der Vorderseite: Gestalten – ein Bildnis des Seth (Teshshup?), der den großen Fürsten von Hatti umarmt, zusammen mit einer Umrandung aus den Worten „das Siegel des Seth, dem Herrn des Himmels; das Siegel der vereinbarten Form, die Hattushili, der große Fürst von Hatti, der Sohn des Mursili, dem großen Fürsten von Hatti, dem Mächtigen, getroffen hat.

Um die Gestalten herum ist dieses geschrieben: das Siegel des Seth.

Auf seiner anderen Seite (Rückseite der Silbertafel) steht dieses: Gestalten – ein Bildnis der Göttin von Hatti, die die weibliche Gestalt der Fürstin von Hatti umarmt, umgeben von einer Umrandung aus den Worten „das Siegel der Sonnengöttin von Arianna, der Herrin des Landes; das Siegel der Putu-hepa, der Fürstin des Landes Hatti, der Tochter des Landes von Kizuwadna, der Priesterin der Stadt Arianna, der Herrin des Landes, der Dienerin der Göttinnen".

Dies ist innerhalb des Rahmens, der die Gestalten umgibt: das Siegel der Sonnengöttin von Arianna, der Herrin aller Länder.

5. germanischer Friedensvertrag

Friedensverträge waren früher bei so gut wie allen Völkern auch Zaubersprüche, da in ihnen die Götter angerufen wurden, damit sie darüber wachten, daß dieser Friedensvertrag auch eingehalten wurde. Ein Überbleibsel davon ist das „Schwören auf die Bibel" u.ä., das symbolisch beinhaltet, daß Gott Zeuge des Schwurs ist und den eventuellen Eidbrecher bestrafen wird.

Der germanische „Urfehdebann" („Tryggdamal") ist ein ritueller Text, der benutzt wurde, um einen Streit endgültig zu schlichten. Er ist eine Mischung aus Rechtstext und Zauberspruch, aus Lyrik und Sachlichkeit.

Wörtlich hat „Tryggdamal" die Bedeutung „Treue-Spruch", wobei „Treue" hier auch „Wahrhaftigkeit" und „Frieden" umfaßt.

Der folgende Text ist aus mehreren Quellen zusammengestellt, die sich jedoch sehr ähnlich sind und nur hier und da ein paar Zeilen mehr oder weniger haben. Die ausführlichste Fassung findet sich in der Heidarviga-Saga.

Im folgenden sind die beiden ersten Sätze, die in der Heidarviga-Saga in indirekter Rede stehen, in die direkte Rede übertragen worden.

Dieses Tryggdamal besteht im Wesentlichen aus dem alten germanischen Text, der jedoch schon durch christliche Formulierungen ergänzt worden ist.

Der zweite Abschnitt dieses Textes ist je nach Anlaß variiert worden – in dem unten dargestellten Fall wurden diese Verse bei der Zahlung eines Wergeldes und der damit erlangten Beendigung einer Fehde gesprochen. Je nach der Art des Anlasses hat der Redner entweder „wir" oder „ihr" gesagt.

So beginnt unser Treuegelöbnis:

„Möge Gott mit uns allen in Frieden sein;
und mögen auch wir Menschen untereinander
in Frieden sein und in gutem Einvernehmen.

Streit war zwischen 'AA' und 'BB';
aber jetzt ist er beigelegt und mit Geld gebüßt worden,
wie die Wäger es wogen
und die Zähler es zählten
und der Spruch es sprach
und die Nehmer es nahmen
und es fortführten
als volle Gabe
und empfangenes Geld,
dem in die Hand gezahlt,
der es haben sollte.

Ihr sollt sein
versöhnt und gemeinsam
bei Met und Mahl,
bei Thing und Ratsversammlung,
beim Kirchenbesuch
und im Königshause;
und überall, wo Männer sich versammeln;
da sollt ihr so ausgesöhnt sein,
als hätte sich niemals dieser Streit
zwischen euch erhoben.

Teilen sollt ihr
Messer und geschnittenes Fleisch,
ja, und alle Dinge
unter euch beiden
als Freunde und nicht als Feinde.

Wenn künftig Streit zwischen euch entsteht,
dann soll man das mit Geld entschädigen,
doch nicht die Klinge röten.

Doch wer von euch
angreift den Urfehdeschwur
oder nach dem vollen Treuegelöbnis noch kämpft,
der wird so weit wie ein Wolf vertrieben,
friedlos und flüchtig,
soweit Menschen Wölfe jagen,
Christenmenschen Kirchen besuchen,

Heiden in Tempeln opfern,
Feuer emporflammt,
Flur grünt,
Knabe seine Mutter beim Namen ruft,
Mutter ihren Knaben nährt,
Leute Lohe entfachen,
Schiffe segeln,
Schilde blinken,
Sonne scheint,
Schnee fällt,
Finne Ski läuft,
Föhre wächst,
Falke fliegt
den frühlingslangen Tag,
mit frischer Brise unter seinen beiden Flügeln,
Himmel sich wölbt,
Erde bewohnt ist,
Wind braust,
Wasser zur See strömen,
Knechte Korn säen.
Meiden soll er
Kirchen und Christenmänner,
Gottes Häuser
und die Höfe der Menschen,
jedes Heim,
nur die Hölle nicht.

Nun fasset beide das heilige Buch,
auch liegt nun auf dem Buche das Geld,
das 'AA' gibt.
Jeder von uns nimmt den Frieden von dem anderen
für sich selber und für seinen Erben,
geboren und ungeboren,
gezeugt und ungezeugt,
genannt und ungenannt.
'AA' leistet den ewigen Treueschwur,
und 'BB' nimmt entgegen den Treueschwur,
den Lebens-Eid,
den Freundes-Eid,
ja, den Haupt-Eid.

'BB' leistet den ewigen Treueschwur,
und 'AA' nimmt entgegen den Treueschwur,
den Lebens-Eid,
den Freundes-Eid,
ja, den Haupt-Eid.
Ihn sollt ihr immer halten,
solange Marken stehen
und Erde und Menschen leben.

Nun sind 'AA' und 'BB'
geeint und ausgesöhnt,
wo auch immer sie sich begegnen
auf Land oder Meer,
auf Schiff oder Schneeschuh
auf hoher See oder im Sattel.
Ihr sollt Ruder teilen
und Ruderbank,
Schöpfeimer
und Schiffsplanken,
wenn es dessen bedarf.
Seid nun so ausgesöhnt miteinander
wie Vater und Sohn
oder Sohn und Vater
in allem Umgang miteinander.

Gebt euch nun eure Hände
zu den Worten des Treue-Gelöbnisses,
'AA' und 'BB',
haltet wohl den Treue-Eid
so wie Christus es will;
und alle Männer,
die nun das Treue-Gelöbnis gehört haben,
sind Zeugen.

Gottes Huld habe,
wer den Treueschwur hält,
doch seinen Zorn, wer den
gerechten Treueschwur zerreißt!
Heil uns allen,
daß wir wieder in Frieden miteinander sind,

und möge Gott in Frieden mit uns allen sein!"

Dieses Gelöbnis hat dieselbe Struktur wie alle diese Eide in früher Zeit: Beide Parteien, jede Partei für sich oder ein Redner rufen für den Fall der Vertrags-Einhaltung den Segen der Götter auf sich herab und für den Fall des Vertragsbruches den Zorn der Götter.

6.   Liebeszauber (Indien)

Dieser Zauberspruch stammt aus dem indischen Rig-Veda, das das älteste indische Buch ist.

Ich grabe dies Kraut, das kräftigste Gewächs, durch das man die Nebenbuhlerin
  verdrängt,
durch das man den Gatten ganz gewinnt.
Du Flachblättrige, Glückbringende, Gottgeschickte, Überlegene, blase meine
  Nebenbuhlerin fort,
mache den Gatten mir allein zu eigen!
Ich sei die Obere, o Oberster, noch über den Obersten,
und meine Nebenbuhlerin soll noch unter den Untersten sein.
Nicht nehme ich ja ihren Namen in den Mund, und nicht hängt er an dieser Frau.
In die fernste Ferne schicken wir die Nebenbuhlerin fort.
Ich bin die Siegende und Du bist die Siegerin.
Beide siegesstark geworden wollen wir meine Nebenbuhlerin besiegen.
Ich habe Dir das siegende Kraut aufgelegt,
ich habe Dich mit dem Siegesstarken umwunden.
Mir soll Dein Sinn nachlaufen wie die Kuh dem Kalbe,
soll wie das Wasser auf seinem Wege laufen.

7.   Buslas Zauberlied (Germanen)

In der Saga „Bosi und Herraud" wird über einen langen, mehrteiligen Fluch berichtet, der zumindestens einen bekannten traditionellen Teil beinhaltete, der allgemein gefürchtet wurde.
Dieser Fluch ähnelt von seinem Stil her sehr der Sturm-Beschwörung des keltischen Barden-Druiden Taliesin.

Da solche kultischen oder halb-kultischen Texte in der Regel eine große Beständigkeit haben, könnte es sein, daß dies ein Hinweis darauf ist, daß der „Fluch der Busla" und auch der ihm recht ähnliche „Fluch des Skirnir" auf die religiösen Texte zurückgehen, die in der Zeit vor der Trennung der West-Indogermanen in Kelten, Römer und Germanen, also um ca. 2000 v.Chr. üblich gewesen sind.

Diese Vermutung wird dadurch bestätigt, daß sich die „epische Breite" und die allmähliche Steigerung dieses Fluches auch in hethitischen, indischen und anderen frühen indogermanischen Überlieferungen findet.

Die Hauptfiguren in dieser Saga sind die beiden unzertrennlichen Freunde Herraud, Sohn des Königs Hring, und Bosi, Sohn des Jarl (Graf) Thvara.

An demselben Abend kam Busla in den Raum, in dem König Hring schlief, und sang das Zauberlied, das seitdem „Buslas Zauberlied" heißt. Es ist seither weithin bekannt geworden und enthält viele üble Worte, die christliche Männer nicht in ihren Mund nehmen sollten.
So beginnt es:

„König Hring liegt hier,
der Herrscher der Gauten,
aller Menschen
eigenwilligster:
Deinen Sohn willst Du
selber morden;
so Unerhörtes
wird allbekannt.

Hör Buslas Fluch!
Er ist bald gesungen,
daß die weite Welt
ihn wohl vernimmt,
niemand nützlich,
der ihn vernimmt,
doch heillos ihm,
dem ich heut ihn singe!

Weichet, Wichte,
Gewaltiges komme,
wanket, Klippen,
Welt erbebe,

Wetter brich an,
Gewaltiges komme,
begnadigst Du, Hring,
den Herraud nicht,
tust Du Böses
dem Bosi an!

Böses wünsch ich
in die Brust Dir,
daß giftige Nattern
nagen Dein Herz,
daß Deine Ohren
für immer ertauben
und deine Augen
sich auswärts drehen,
tust dem Bosi
Du Böses an,
läßt Du den Haß
wider Herraud nicht!

Segelst Du,
versage das Tauwerk,
sollen reißen
die Ruderangeln,
sei zerfetzt das Segel,
sollen brechen
die Brassen alle,
läßt Du den Haß
wider Herraud nicht,
bietest Du Frieden
Bosi nicht an!

Reitest Du,
reiße Dein Zügel,
strauchle Dein Roß,
soll jede Gasse
Grades Weges
in der Trolle Hand
Dich hinführen,
tust dem Bosi

Du Böses an,
läßt Du den Haß
wider Herraud nicht!

Im Bett sei Dir
wie in brennendem Stroh,
auf dem Hochsitze
wie in hohen Wellen;
doch Schlimmeres noch
geschehe Dir dann:
willst Du bei Mädchen
Manneslust haben,
komme nie zum Ziel!
Soll ich Dir noch mehr erzählen?"

Der König antwortete: „Sei still, Frau, und gehe, denn sonst werde ich Dich für Deine Flüche foltern lassen."

„Wir haben uns nun getroffen," sagte Busla, „und wir werden nicht wieder auseinander gehen, bevor ich nicht meinen Teil gesagt habe!"

Der König versuchte auszustehen, doch er war fest an sein Lager gebannt und seine Diener wachten nicht auf.

Da begann Busla mit dem zweiten Teil ihres Fluches, aber ich werde ihn hier nicht niederschreiben, damit ihn niemand wiederholt. Wenn er nicht niedergeschrieben wird, ist es unwahrscheinlich, daß ihn jemand benutzt.

Dies ist sein Anfang:

„Trolle und Elfen, und Zauber-Normen
sollen Deine Halle verbrennen!
Heim-Thursen sollen Dich vernichten!
Pferde sollen Dich zertrampeln!
Stroh soll Dich stechen!
Sturm soll Dich schütteln!
Weh Dir,
Wenn Du nicht meinen Willen tust!"

Als ihr Zauberlied zuende war, sagte der König zu ihr: „Bevor Du mich noch länger verfluchst, will ich dem Herraud sein Leben schenken, aber Bosi muß außer Landes gehen und wenn ich ihn jemals wieder in die Hände bekomme, muß er sterben!"

„Dann habe ich noch ein besseres Zauberlied für Dich," sprach Busla.

Da begann Busla mit dem Lied, das „Syrpas Verse" genannt wird und das von der allergrößten Magie erfüllt ist und das man nicht nach Sonnenuntergang singen darf.

Der Name „Syr" leitet sich von „Syr" für „Sau" ab und bedeutet in etwa „Schmutzige", „Schlampe" u.ä.

Allerdings trägt auch Freya den Beinamen „Syr", also „Sau", weil sie sich im Jenseits bei der Wiederzeugung mit den Toten, die dort die Gestalt eines Keilers annehmen, in eine Bache verwandelt. Dieses Zauberlied könnte daher von Freya stammen, die bei den Germanen das Urbild aller Zauberinnen gewesen ist.

Gegen Ende dieses Liedes heißt es:

„Sechs Sprecher werden hier kommen,
sage mir all' ihre Namen!
Jeden einzelnen von ihnen
werde ich Dir hier zeigen! –
Wenn Du ihre Namen nicht so errätst,
daß es mir richtig erscheint,
Dann werden an Dir in der Hel die Hunde nagen
und Deine Seele wird in den Wassern versinken!"

„Sprecher": eine Heiti (poetische Umschreibung) für „Männer"

„Wasser": Das altnordische „Sökkvi" ist ein Begriff, der sich von einem Verb für „sinken" ableitet und oft für die Wasserunterwelt benutzt wurde.

Am Ende des Manuskript folgen 6 Runenzeichen: Raidho, Ansuz, Thurisaz, Fehu, Algiz und Uruz. Dies werden die „sechs Sprecher" in dem Rätsel am Schluß sein.

Raidho = Ritt, Fahrt, Reise
Ansuz = Ase = Odin oder Tyr
Thurisaz = Thurse (Tyr) und Dorn = Schwert (Tyrs Schwert) = Tyr
Fehu = Vieh, Besitz
Algiz = Elch
Uruz = Wasser, Stier

Wenn man diese sechs Runen kombiniert, kommt man auf die Jenseitsreise (Raidho) des Tyr (Ansuz Thurisaz) zusammen mit seinen beiden Alcis-Söhnen (Algiz), bei der sich Tyr in einen Stier (Fehu Uruz) verwandelt. Ob diese Deutung so zutrifft, ist allerdings unsicher, da die Runen allgemein viele Elemente aus den Tyr-Mythen enthalten.

Leider wird in der Saga weder das gesamte Lied bzw. Rätsel noch dessen Lösung mitgeteilt. Der Grund dafür ist etwas früher in dieser Saga mitgeteilt worden: *An demselben Abend kam Busla in den Raum, in dem König Hring schlief und sang das Zauberlied, das seitdem „Buslas Zauberlied" heißt. Es ist seither weithin bekannt geworden und enthält viele üble Worte, die christliche Männer nicht in ihren Mund nehmen sollten.*

Es wäre gut denkbar, daß auch „Syrpas (Freyas) Zauberlied" solche „üblen Worte" enthalten hat.

Der Bischof Adam von Bremen sagte um ca. 1075 n.Chr. über die Kult-Lieder der Germanen, daß sie Worte und Sätze enthalten, die ein Christ nicht aussprechen sollte.

Aus dem Rätsel läßt sich nur entnehmen, daß es um sechs Männer geht, die offenbar keiner gerne sieht – schließlich wird mit ihrem Anblick gedroht. Die Strafe für das Nicht-Erraten ist die Verbannung in die Hel bzw. das Versinken in den „Sökkvi"-Wassern der Meeresgöttin Ran, d.h. der Tod.

Die Zeit nach Sonnenuntergang ist die Nacht, die auch die Zeit des Jenseits und der Totengeistern war – vermutlich konnte man in der Nacht diese sechs Männer-Totengeister am leichtesten herbeirufen.

Diese sechs Männer stehen offenbar mit dem Jenseits im Zusammenhang und können den Tod bringen. Sie scheinen normalerweise „gebunden" zu sein und Busla droht damit, sie auf den König, wenn er ihr Rätsel nicht richtig löst oder nicht das tut, was sie von ihm verlangt, loszulassen.

Dieses Rätsel, das zunächst recht ähnlich klingt wie die Rätsel, die Gestumblindi/Odin dem König Heidrek stellt, scheint somit also eher ein angedrohter Fluch zu sein – ähnlich dem des Freyr-Priesters Skirnir, mit dem er die Gerdr dazu „überredet", Freyr zu heiraten.

Löse dieses Rätsel auf die richtige Weise oder alles Übel, das ich gerufen habe, wird sich ereignen, wenn Du mir nicht zu Willen bist!"

Als Busla ihr Lied beendet hatte, wußte der König genau, wie er antworten mußte. „Was ist Dein Wille?" sagte der König.

„Sende die beiden Söhne," sagte die alte Frau, „auf eine gefährliche Suche – was auch immer – und mache sie für sich selber verantwortlich."

Der König gebot ihr, nun zu gehen, aber sie weigerte sich, das zu tun, bevor der König nicht einen Eid geschworen hatte, daß er das Versprechen, das er ihr gegeben hatte, halten würde, damit ihm Buslas Fluch keinen Schaden zufügen würde.

Dann verschwand die alte Frau.

8. Neunkräuter-Zauberspruch (England)

Dieser Zauberspruch ist um ungefähr 900 n.Chr. in England niedergeschrieben worden und entstammt vermutlich sowohl der germanischen, der keltischen als auch der christlichen Tradition.

*Erinnere Dich, **Beifuss**, was Du verkündet hast,*
was Du bekräftigt hast bei der Verkündung vor Gott.
„Eine" heißt Du, ältestes Kraut.
Du hast Macht gegen 3 und gegen 30,
Du hast Macht gegen Gift und gegen das Heranfliegende,
Du hast Macht gegen das Übel, das über Land fährt.

Heranfliegendes = Krankheit (Infektion)

*Und Du, **Wegerich**, der Kräuter Mutter,*
nach Osten geöffnet, im Innern mächtig;
über Dir knarrten Wagen, über Dir weinten Frauen,
über Dir schrien Bräute, über Dir schnaubten Stiere.
Allen hast Du widerstanden, und Dich widersetzt;
ebenso widerstehe dem Gift und dem Heranfliegenden
und dem Übel, das über Land fährt.

***Schaumkraut** heißt dieses Kraut, es wuchs auf dem Stein;*
es steht gegen Gift, es widersetzt sich dem Schmerz.
„Stark" heißt es, es widersetzt sich dem Gift,
es verjagt den Feind, wirft das Gift hinaus.
Dies ist das Kraut, das gegen die Schlange focht,
dies hat Macht gegen Gift, es hat Macht gegen das Heranfliegende,
es hat Macht gegen das Übel, das über Land fährt.

*Vertreibe Du nun, **Heilziest**, Du kleineres Kraut das größere Gift,*
Du größeres Kraut das kleinere Gift, bis er von beiden genesen ist.

*Erinnere Dich, **Kamille**, was Du verkündet hast,*
was Du entgegnet hast bei der Erschaffung;
daß niemals jemand durch etwas Herangeflogenes das Leben verliere,
nachdem man ihm Kamille zur Speise bereitet habe.

*Dies ist das Kraut, das **Nessel** heißt;*
das entsandte der Seehund über den Rücken der See
zur Hilfe gegen die Bosheit von einem anderen Gift.
Es steht gegen Schmerz, widersetzt sich dem Gift,
es hat Macht gegen 3 und gegen 30,
gegen die Hand des Feindes und gegen unheilvolle Machenschaften,
und gegen Behexung gemeiner Wesen.

Der Seehund ist der Bote der Wasserunterwelt.

*Dort sprach der **Apfel** gegen das Gift,*
... ...
... ...
... ...

***Kerbel** und **Fenchel**, zwei sehr Mächtige,*
diese Kräuter schuf der weise Herr,
der Heilige im Himmel, als er hing (d.h. Christus oder Odin);
setze und sandte sie in 7 Welten
den Armen und Reichen, allen zur Hilfe.

*Diese **9** (Kräuter) haben Macht gegen neun Gifte.*
Eine Schlange kam gekrochen, zerriß einen Menschen;
da nahm Wodan 9 Zauberzweige,
erschlug da die Natter, daß sie in 9 Stücke zerbarst.
daß sie niemals mehr ins Haus kriechen wollte.

Das angelsächsische Wort „wuldor", das hier mit „Zauberzweig" (Runenstab) übersetzt worden ist, bedeutet wörtlich „Ruhm, Strahlen, Göttliches, Himmlisches, Mächtiges, Zauber".

*Nun haben diese **9 Kräuter** Macht gegen neun mächtige Heranfliegende,*
gegen 9 Gifte und gegen neun ansteckende Heranfliegende,
gegen das rote Gift, gegen das stinkende Gift,
gegen das weiße Gift, gegen das purpurne Gift,
gegen das gelbe Gift, gegen das grüne Gift,
gegen das bleiche Gift, gegen das blaue Gift,
gegen das braune Gift, gegen das karminrote Gift,
gegen Schlangenblattern, gegen Wasserblattern,
gegen Dornblattern, gegen Distelblattern,

gegen Eisblattern, gegen Giftblattern,
wenn irgendein Gift kommt von Osten geflogen,
oder irgendeins von Norden ... ...
... ... (Süden?) ... ... kommt
oder irgendeins von Westen über die Menschheit.
Christus steht über Krankheiten jeder Art.

Ich allein weiß ein rinnendes Wasser
das neun Nattern in seiner Nähe bewachen;
*mögen alle **Kräuter** nun von ihren Wurzeln aufspringen,*
die Seen sich öffnen, all das Salzwasser,
wenn ich dieses Gift von Dir blase.

Beifuss, **Wegerich** *der nach Osten offen ist,* **Schaumkraut**, **Heilziest**, **Kamille**, **Nes-**
sel, **Wildapfel**, **Kerbel** *und* **Fenchel***, alte Seife.*
Stoße die Kräuter zu Staub, Vermenge sie mit der Seife und mit dem Saft des Apfels.
Mache einen Brei aus Wasser und aus Asche, nimm Fenchel, koche ihn in dem Brei
und erwärme es mit Ei-Gemisch, wenn Du die Salbe auftust, sowohl vorher als nach-
her. Singe diesen Zauberspruch 3 mal über jedem dieser Kräuter, bevor Du sie bear-
beitest und über dem Apfel ebenso; und singe dann dem Mann in den Mund und in
beide Ohren und auf die Wunde den gleichen Zauberspruch, bevor Du die Salbe
auftust.

9. Heilungszauber (England)

Manche Zauber wie dieser aus dem Buch „Lacnunga" beziehen sich auch auf Mythen und Sagen, wodurch die Krankheit so besiegt werden soll, wie einst der Gott bzw. Held ein Hindernis überwunden hat.

Das entspricht dem ägyptischen Heilungszauber, in dem ein Mensch, der von einer Schlange oder von einem Skorpion gebissen wurde, dem Horus gleichgesetzt wurde, der durch seine Mutter Isis von einem Schlangebiß bzw. Skorpionstich geheilt wurde.

Laut waren sie, laut,
als sie über Land ritten!
Grimmig im Herzen waren sie,
als sie über Hügel ritten!
Ergreife nun Deinen Schild,
von dieser Bedrohung wirst Du entkommen!

Hinaus, kleiner Speer,
wenn Du hier innen bist!

Unter der Linde stand er,
unter dem leuchtenden Schild,
während die mächtigen Frauen
ihre Streitmacht versammelten.
Und sie senden ihre Speere
schreiend durch die Luft!
Ich werde ihnen
einen anderen zurücksenden!
Pfeil fliege fort,
ihnen entgegen!
Hinaus, kleiner Speer,
wenn Du hier innen bist!

Sechs Schmiede saßen dort,
schmiedeten Schlacht-Speere.
Hinaus, kleiner Speer,
wenn Du hier innen bist!

Wenn sich hier innen
ein Splitter harten Eisens verbirgt,
das Werk einer Hexe,
dann wird er zerschmelzen!
Wenn Du in die Haut geschossen worden bist,
oder in das Fleisch,
wenn Du in das Blut geschossen worden bist,
oder in den Knochen,
wenn Du in die Glieder geschossen worden bist
– dann soll Dein Leben nie mehr gedeihen!
Wenn es von Esa geschossen worden ist,
oder wenn es von Elfen geschossen worden ist,
oder wenn es von Hexen geschossen worden ist,
werde ich Dir Hilfe bringen!

Dies vertreibt den Esa-Schuß!
Dies vertreibt den Elfen-Schuß!
Dies vertreibt den Hexenschuß!
Ich bringe Dir Hilfe.

Fliehe, Hexe, zu den wilden Hügelkuppen!

... ...

... ...

... ...

Aber Du – sei Du heil!
Und möge Dir Gott helfen!

Man kann von diesem Zauberspruch einiges über Affirmationen lernen: Er ist bildhaft, lyrisch, präzise, konzentriert, benennt die Krankheit und spielt sie nicht herab, schließt alle Ursachen und Möglichkeiten mit ein, nimmt Bezug zum Körper, versichert den Kranken der Hilfe des Heilers, der Heiler spricht teilweise zu dem Kranken und teilweise anstelle des Kranken, der Zauberspruch beinhaltet eine Handlung, ein Hilfsmittel (Messer) und eine Arznei (Butter-Absud) (beides wird nur im Begleittext zu dem Zauberspruch beschrieben), Teile des Zauberspruches werden wiederholt, der Zauberspruch steigert sich und nimmt Bezug auf Gott.

Was will man mehr?

10. Zaubergesang (Finnen)

Bei den Finnen findet sich in der Kalevala die folgende Schilderung eines Zaubergesangs:

Keine Kinderlieder sang er,
Kinderkram und Weiberwitze,
Sondern Sang des bärt'gen Helden,
Den die Kinder nimmer können,
Auch die Knaben kaum zur Hälfte,
Freiersleute fast ein Drittel
Jetzt in diesen schlimmen Zeiten,
Bei dem Sinken der Geschlechter.
Wäinämöinen sang drauf wacker,
Seen schwankten, Länder bebten,
Kupferberge selbst erdröhnten,
Starre Steine selbst erschraken,
Felsen flogen voneinander,
Klippen an dem Strand zerschellten.

11. Wund-Zauber (Slawen)

Dieser Zauberspruch bezieht sich auf mehrere Szenen aus dem Alten Testament, in denen der Prophet Elias und sein Schüler Elisa die Wasser des Jordan teilen, um trocken zum anderen Ufer hinüberzugehen zu können.

Stop, Blut! Stehe still in der Wunde –
so wie das Wasser im Jordan!

12. Das erweiterte Pentagramm-Ritual

Es gibt auch aus neuerer Zeit Zaubersprüche, die sich allmählich zu Standard-Sprüchen zu etablieren beginnen. Dazu gehört u.a. die folgende Erweiterung des Kleinen Pentagramm-Rituals, die entweder aus dem Golden Dawn selber oder aus seinem näheren Umfeld stammt.

Nach dem Kleinen Pentagramm-Ritual geht man im Uhrzeigersinn innen an dem Schutzkreis entlang, versprenkelt Weihwasser und imaginiert, daß der Schutzkreis-Bereich eine runde Insel ist, und spricht:

So muß deshalb zuerst der Priester,
der die Arbeiten des Feuers beherrscht,
das Weihwasser des lautbrandenden Meeres versprühen.

Dann geht man wieder im Uhrzeigersinn innen an dem Schutzkreis entlang, räuchert und imaginiert, daß die Insel von einer Waberlohe (Flammenwand) umgeben ist, und spricht:

Und wenn Du,
nachdem alle Phantome geflohen sind,
das heilige, formlose Feuer siehst,
das Feuer, das durch die Tiefen des Universums blitzt und flammt –
höre dann die Stimme des Feuers!

Dann stellt man sich in die Mitte des Kreises, erhebt die Arme (Haltung der Man-Rune), imaginiert, daß sich der Bereich über der Insel mit Licht füllt, und spricht:

Heilig seid Ihr, Herr des Universums!
Heilig seid Ihr, den die Natur nicht erschaffen hat!
Herr des Lichtes und der Finsternis!

Mann kann – wenn man das bevorzugt – diese Verse auch wie folgt abwandeln:

Heilig seid Ihr, Herr des Universums!
Heilig seid Ihr, den die Natur nicht erschaffen hat!
Heilig seid Ihr, der Eine-Alles-Einzige!

VII Zusammenfassung

Die Zaubersprüche sind nicht so mächtig, wie dies in Fantasy-Romenen meistens dargestellt wird, und ihre Wirkung ist auch nicht so sehr an bestimmte Worte und Formulierungen gebunden.

Die Zaubersprüche wirken auf drei Weisen:

- Es gibt Mantren, Zaubersprüche und längere magische Texte, die eine lange Tradition haben und daher ein den eigenen Zauber verstärkender „Resonanzraum" sind.

- Die Hauptfunktion von Zaubersprüchen ist wie die Funktion von Gesten und Symbolen die Erhöhung der Konzentration beim Ausüben der Magie.

- Die dritte mögliche Funktion von Zaubersprüchen ist das Gespräch mit einer Gottheit, die dann den in der Magie ausgesprochenen Wunsch erfüllt.

Stilistisch gibt es eine sehr große Vielfalt an Zaubersprüchen, wie die zwölf in diesem Buch angeführten Beispiele zeigen.

Ob man gerne sehr lange, ausgefeilte Texte mit großem Spannungsbogen verwendet oder lieber kurze, markante Sprüche oder die ganz kurzen Mantren und die Sigillen, ist vor allem eine Frage der eigenen Vorliebe. Nicht jede Methode ist für jeden geeignet und ein Teil des Erfolgs in der Magie beruht darauf, daß man erkennt, welches Vorgehen am besten zu einem selber paßt.

Es gibt auch die Möglichkeit, sich die Dinge vollkommen formlos und wortlos wie „nebenbei" zu wünschen und auf jede Art von formeller Magie und auf Zaubersprüche zu verzichten.

Magie ist nicht auf Zaubersprüche angewiesen, aber in vielen Fällen sind Zaubersprüche ausgesprochen nützlich.

Bücher von Harry Eilenstein

- The Synthesis of Physics and Magic (192 p.)	- Money Magic for Beginners (60 p.)
- Telepathy for Beginners (60 p.)	- Magic Objects for Beginners (64 p.)
- Telepathy for Advanced Learners (52 p.)	- Shamanism for Beginners (52 p.)
- Telekinesis for Beginners (56 p.)	- Chakra-Magic for Beginners (148 p.)
- Life Force for Beginners (76 p.)	- Language of the Moon – for Beginners (128 p.)
- Kundalini for Beginners (104 p.)	- Self Knowledge for Beginners (60 p.)
- Astral Projection for Beginners (60 p.)	- Da'ath-Magic for Beginners (64 p.)
- Meditation for Beginners (60 p.)	- Astrology for Beginners (112 p.)
- Prophecy for Beginners (60 p.)	- Number Symbolism for Beginners (64 p.)
- Ritual Magic for Beginners (64 p.)	- Mandalas for Beginners (76 p.)
- Magic Chant for Beginners (108 p.)	- Crop Circles for Beginners (344 p.)
- Invocations for Beginners (52 p.)	- Feng Shui for Beginners (96 p.)
- Evocations for Beginners (62 p.)	- Magic Research for Beginners (140 p.)
- Auto-Movement for Beginners (60 p.)	
- Elves for Beginners (56 p.)	- Magic for Beginners – Anthology I (636 p.)
- Hypnosis for Beginners (56 p.)	- Magic for Beginners – Anthology II (616 p.)
- Love Magic for Beginners (52 p.)	- Magic for Beginners – Anthology III (684 p.)
	- Magic for Beginners – Anthology IV (580 p.)

Religion allgemein
- Die sieben Schritte des Lebens (428 S.)
- Muttergöttin und Schamanen (168 S.)
- Totempfähle (440 S.)
- Der Urriese (168 S.)

Jungsteinzeit
- Göbekli Tepe (472 S.)
- Die Göttin von Göbekli Tepe (144 S.)

Ägypten
- Hathor und Re 1: Götter und Mythen im Alten Ägypten (432 S.)
- Hathor und Re 2: Die altägyptische Religion – Ursprünge, Kult und Magie (396 S.)
- Isis (508 S.)

Christentum
- Christus (60 S.)
- Die Biographie des Teufels (144 S.)

Indogermanen
- Die Entwicklung der indogermanischen Religionen (700 S.)
- Wurzeln und Zweige der indogermanischen Religion (224 S.)

Griechen
- Pan (336 S.)
- Poseidon (668 S.)

Inder
- Dakini (80 S.)
- Vajra (76 S.)

Germanen
- Die Götter der Germanen (87 Bände – siehe nächste Seite)
- Odin (300 S.)

Kelten
- Cernunnos (690 S.)
- Taliesin (228 S.)
- Der Kessel von Gundestrup (220 S.)
- Der Chiemsee-Kessel (76)

Psychologie
- Über die Freude (100 S.)
- Das Geheimnis des inneren Friedens (252 S.)
- Das Beziehungsmandala (52 S.)
- Gefühle und ihre Verwandlungen (404 S.)
- einsgerichtet (140 S.)
- Liebe und Eigenständigkeit (216 S.)
- Von innerer Fülle zu äußerem Gedeihen (52 S.)

Heilung
- Die Symbolik der Krankheiten (76 S.)

Kunst
- Herz des Tanzes – Tanz des Herzens (160 S.)
- Die Wurzeln der Kunst (60 S.)
- Wege zur Musik-Improvisation (32 S.)

Drama
- König Athelstan (104 S.)

„Magie für Anfänger"

- Telepathie für Anfänger (60 S.)
- Telepathie für Fortgeschrittene (52 S.)
- Telekinese für Anfänger (52 S.)
- Analogien für Anfänger (56 S.)
- Lebenskraft für Anfänger (60 S.)
- Meditation für Anfänger (56 S.)
- Kundalini für Anfänger (100 S.)
- Hypnose für Anfänger (56 S.)
- Auto-Movement für Anfänger (56 S.)
- Chakra-Magie für Anfänger (148 S.)
- Astralreisen für Anfänger (56 S.)
- Astrologie für Anfänger (120 S.)
- Silberschnüre für Anfänger (52 S.)
- Zaubersprüche für Anfänger (60 S.)
- Ritual-Magie für Anfänger (56 S.)
- Mandalas für Anfänger (68 S.)
- Geldzauber für Anfänger (56 S.)
- Liebeszauber für Anfänger (52 S.)
- Invokationen für Anfänger (52 S.)
- Evokationen für Anfänger (60 S.)
- Geister für Anfänger (52 S.)
- Elfen für Anfänger (56 S.)
- Magie-Forschung für Anfänger (140 S.)
- Magie-Romantik für Anfänger (60 S.)
- Selbsterkenntnis für Anfänger (52 S.)
- Einweihungen für Anfänger (60 S.)
- Drogen-Kabbala für Anfänger (216 S.)
- Zahlensymbolik für Anfänger (60 S.)
- Die Sprache des Mondes – für Anfänger (116 S.)
- Zaubergesänge für Anfänger (100 S.)
- Zukunftschau für Anfänger (60 S.)
- Schamanismus für Anfänger (52 S.)
- Schwitzhütten für Anfänger (52 S.)
- Magische Gegenstände für Anfänger (68 S.)
- Zaubertränke für Anfänger (64 S.)
- Magie-Gesten für Anfänger (252 S.)
- Da'ath-Magie für Anfänger (64 S.)
- Kornkreise für Anfänger (348 S.)
- Feng Shui für Anfänger (96 S.)
- Tao für Anfänger (112 S.)
- Magie für Anfänger – Sammelband   I (696 S.)
- Magie für Anfänger – Sammelband   II (664 S.)
- Magie für Anfänger – Sammelband III (580 S.)
- Magie für Anfänger – Sammelband IV (700 S.)
- Magie für Anfänger – Sammelband   V (676 S.)

„Traumreisen"

- Traumreisen zu Heilpflanzen (700 S.)

Magie

- Handbuch für Zauberlehrlinge (408 S.)
- Tarot (104 S.)
- Physik und Magie (184 S.)
- Die Synthese von Physik und Magie (200S.)
- Die Magie-Formel (156 S.)
- Schwarze Löcher in der Magie (56 S.)
- Krafttiere – Tiergöttinnen – Tiertänze (112 S.)
- Schwitzhütten (524 S.)
- Mythen und Magie der Harfe (116 S.)
- Drei Adeptus Major Rituale (192 S.)

Meditation

- Der Lebenskraftkörper (230 S.)
- Die Chakren (100 S.)
- Das Chakren-System mit den Nebenchakren (296S.)
- Organe und Chakren (64 S.)
- Die platonischen Körper in den Chakren (156 S.)
- Meditation (140 S.)
- Drachenfeuer (124 S.)
- Kundalini I (676 S.)
- Kundalini II (672 S.)
- Reinkarnation (156 S.)
- einsgerichtet (140 S.)

Astrologie

- Astrologie (496 S.)
- Photo-Astrologie (428 S.)
- Die astrologischen Aspekte (88 S.)
- Horoskop und Seele (120 S.)

Kabbala

- Kursus der praktischen Kabbala (150 S.)
- Eltern der Erde (450 S.)
- Blüten des Lebensbaumes:
  - Die Struktur des kabbalistischen Lebensbaumes (370 S.)
  - Der kabbalistische Lebensbaum als Forschungshilfsmittel (580 S.)
  - Der kabbalistische Lebensbaum als spirituelle Landkarte (520 S.)

Eilenstein, Frater V.D., Knecht, Büdenbender

- Magie heute – Berichte aus der Praxis (288 S.)
- Living Magic (261 p.)

Büdenbender, Eilenstein

- Chaos, Alk und Magic (436 S.)

Die Themen der 87 Bände der Reihe „Die Götter der Germanen"

1. Die Entwicklung der germanischen Religion	44. Die Symbolik der Wassertiere und sonstigen Tiere
2. Lexikon der germanischen Religion	45. Die Symbolik der Pflanzen
3. Der ursprüngliche Göttervater Tyr	46. Die Symbolik der Farben
4. Tyr in der Unterwelt: der Schmied Wieland	47. Die Symbolik der Zahlen
5. Tyr in der Unterwelt: der Riesenkönig Teil 1	48. Die Symbolik von Sonne, Mond und Sternen
6. Tyr in der Unterwelt: der Riesenkönig Teil 2	49.a Das Jenseits I – Das Hügelgrab
7. Tyr in der Unterwelt: der Zwergenkönig	49.b Das Jenseits II – Der Jenseitsweg
8. Der Himmelswächter Heimdall	50. Seelenvogel, Utiseta und Einweihung
9. Der Sommergott Baldur	51. Wiederzeugung und Wiedergeburt
10. Der Meeresgott: Ägir, Hler und Njörd	52. Elemente der Kosmologie
11. Der Eibengott Ullr	53. Der Weltenbaum
12. Die Zwillingsgötter Alcis	54. Die Symbolik der Himmelsrichtungen und der Jahreszeiten
13. Der neue Göttervater Odin Teil 1	55.a Mythologische Motive I
14. Der neue Göttervater Odin Teil 2	55.b Mythologische Motive II
15. Der Fruchtbarkeitsgott Freyr	56. Der Tempel
16. Der Chaos-Gott Loki	57. Die Einrichtung des Tempels
17. Der Donnergott Thor	58. Priesterin – Seherin – Zauberin – Hexe
18. Der Priestergott Hönir	59. Priester – Seher – Zauberer
19. Die Göttersöhne	60. Rituelle Kleidung und Schmuck
20. Die unbekannteren Götter	61. Skalden und Skaldinnen
21. Die Göttermutter Frigg	62 Kriegerinnen und Ekstase-Krieger
22. Die Liebesgöttin: Freya und Menglöd	63. Die Symbolik der Körperteile
23. Die Erdgöttinnen	64.a Magie und Ritual I
24. Die Korngöttin Sif	64.b Magie und Ritual II
25. Die Apfel-Göttin Idun	64.c Magie und Ritual III
26. Die Hügelgrab-Jenseitsgöttin Hel	65. Gestaltwandlungen
27. Die Meeres-Jenseitsgöttin Ran	66.a Magische Angriffs-Waffen
28. Die unbekannteren Jenseitsgöttinnen	66.b Magische Verteidigungs-Waffen
29. Die unbekannteren Göttinnen	67. Magische Werkzeuge und Gegenstände
30. Die Nornen	68. Zaubersprüche
31. Die Walküren	69. Göttermet
32. Die Zwerge	70. Zaubertränke
33. Der Urriese Ymir	71. Träume, Omen und Orakel
34. Die Riesen	72. Runen
35. Die Riesinnen	73. Sozial-religiöse Rituale
36. Mythologische Wesen	74. Weisheiten und Sprichworte
37. Mythologische Priester und Priesterinnen	75. Kenningar
38. Sigurd/Siegfried	76. Rätsel
39. Helden und Göttersöhne	77. Die vollständige Edda des Snorri Sturluson
40. Die Symbolik der Vögel und Insekten	78. Frühe Skaldenlieder
41. Die Symbolik der Schlangen, Drachen und Ungeheuer	79.a Mythologische Sagas I
42.a Die Symbolik der Herdentiere I	79.b Mythologische Sagas II
42.b Die Symbolik der Herdentiere II	80. Hymnen an die germanischen Götter
43. Die Symbolik der Raubtiere	

.